はじめての高配当株

standards

NISAがきっかけで株式投資を始めたのはいいけれど
何を買えばいいかよくわからないのよね…
カラン
カラン
株のことならおじさんに訊けって、お父さんに聞いたんだけど…
株の配当で生活しているってホント?
ふふ…株の入門書を1冊読んだ位ではダメだよ
投資は目的を持って何を買うかが重要なんだ!!

僕は高配当株投資をやっているんだ
高配当株投資？
ハッハッハ～♪
40超えてずっと家にいるからてっきり…
簡単にいうと、高い配当金を出す銘柄に投資するんだよ
この投資法の利点は主に3つあるんだ!!
1
株を売らなくてもお金が増え値上がり益を狙うより成績を安定させられる
2
配当金を再投資することで投資規模が増やせる
3
インフレに強い

配当金の利率が高い銘柄に投資すれば株を売らなくても
その配当金でお金が増えるだろ?
それに複雑な分析で値上がり益を狙うより時間はかかるけどずっと楽なんだよ
入門書とかで説明しているローソク足とか見なくていいんだ…
それに、もらった配当金でさらに銘柄を買うことで効率よく資産を大きくできるんだ
!?
インフレになると企業の利益は結果的に増える
高配当銘柄は株主還元に積極的な日本の企業が多いんだ
だから物価があがっても株主に還元してくれるという意味でインフレに強いと言えるんだ
ううん～何かいいことばかりだね…
おじさんの説明からすると投資先は日本株みたいだけど…?
カラン

そう日本株がいい！

長期投資で有名なあのウォーレン・バフェットも日本株を2020年から買い始めて注目されている。というのがあるけど…。

日本の企業も投資マネーを呼び込むために長期的な視野で増配や配当を維持する累進配当に舵をきっている。

買うなら日本株がいいんだ
塁審は伊藤こ？

累進配当《るいしんはいとう》!!

仕方ない今からしっかり教えるよ!!

やった〜!!お願いしますおじさん❤

はじめに

ムリなくできる投資法を教えます

高配当株に特別な手法は必要ありません

株主還元強化で増配企業が増加し、投資家の間で「高配当株」が注目を集めています。

本書を手に取ったということは、あなたも配当株投資に興味を持っているのではないでしょうか。

これから株式投資を始めたい人や、投資をしているけどうまく行かない人、もっと稼げるようになりたい人、今まで株式売買を行っていたけど配当株投資に興味が出てきた人などさまざまだと思います。

現在、私は仕事を早期にリタイアし、ＦＩＲＥ生活を行っています。この生活の基盤になっているのが配当金による収入です。2022年は年間約470万円の収入があり、2023年は500万円超えは確実なものとなっています。

これだけ聞くと「特別な手法で稼いでいるんだろうな」と思う人もいるかもしれませんが、そんなことはありません。

やっていることは、配当株投資の基本である**累進配当企業を中心に増配傾向の高配当企業の株を買っているだけです。**10年以上保有する超長期投資なので複雑なチャート分析は必要ありませんし、銘柄選びでやっていることといえば、必要最低限な投資指標を抑え、事業内容や中期経営計画をチェックするくらいなものです。

日々の生活では、株主優待をうまく利用しながら出費を減らし、配当金はできるだけ再投資して効率よく配当金を増やせるようにしています。ただ、これだけをしているだけでここまでの収入が得られるようになりました。そんな私の配当金投資に対する考え方や銘柄の選び方、株を持ったあとの考え方などをお教えするので、みなさんにとって本書が、配当株投資を行う上での一助になれば幸いです。

2023年8月　ペリカン

配当株投資のススメと私の投資履歴

これからの時代稼ぎやすい配当株投資のメリット

インフレ時代、預金よりも株投資のほうがリスクが低い

昨今の日本はインフレが加速しモノやサービスの価格が上がっています。皆さんも電気代や食料品の値上げでインフレを実感している人も多いのではないでしょうか。

インフレはモノやサービスの価格が上がっているという見方もできますが、実は円の価値が下がっているという見方もできます。たとえば、今まで150円で売っていたジュースが180円になった場合、ジュースの価値が上がったという見方もできますが、円の価値が下がったため、ジュースを買うために必要な円が増えたという見方もできます。

円の価値が下がるということは、将来のために預金をしていても、実質的に自分の資産が

目減りしていくことにつながります。一方、株はインフレに強いとされています。株式を発行する企業はインフレの際に自社製品の価格を上げて、収益を増やせます。そのため、物価上昇に連動して業績も上がり、業績が上がれば投資家が株を買ってくれるので株価も上昇する傾向があるのです。

また、お金を定期預金などで銀行に預けても金利はほとんどもらえません。定期預金で高金利を探しても0・3%程度しかありません。一方、株の場合は、高配当株の場合、4%以上の利回りになっていることも珍しくありません。

インフレによって自己資金が大事になる時代、銀行に預けるよりも効率的に資産価値を上げることができる株への投資が大切になってきます。

なぜ日本株が人気なのか

日経平均株価がバブル崩壊後の高値を更新するなど勢いづいている日本株ですが、なぜ日本株がここまで人気になっているのかを考えたことがありますか?

日本株人気の要因は複数あります。ひとつめは、圧倒的な投資成績で「投資の神様」と呼ばれるウォーレン・バフェット氏が、2020年に日本の総合商社5社に投資して話題になったことです。その後も、2022年11月と2023年4月にも買い増しを行っています。

バフェットほどの大物の行動によって海外投

そう日本株がいい!
長期投資で有名なあのウォーレン・バフェットも
日本株を2020年から買い始めて注目されている。
というのがあるけど…
日本の企業も投資マネーを呼び込むために長期的な視野で増配や配当を維持する
累進配当に舵をきっている。
買うなら日本株がいいんだ

資家の間で日本株への関心が高まっています。実際に海外投資家による日本株への資金流出入が増えています。また、2023年3月に発生した米銀行の破綻では、その影響で海外株が売られ、日本株が買われる動きもありました。

日本株が好調な要因は円安にも原因があります。日本の株価は米ドル／日本円レートと強く相関する傾向があります。

その理由は基本的に円安になると輸出企業にとって追い風になるためです。円安になると海外へ商品を安く売ることができます。たとえば、1000万円する車を1ドル＝100円のときにアメリカで売ろうとすると10万ドルになります。円安になり1ドル＝200円になるとアメリカでの価格は5万ドルになり、安くなります。

このように、円安になると、輸出品の価格が安くなるので、業績が上がるわけです。業績が上がれば株価が上がるので、日本の株価が上がっているわけです。

2023年8月現在の為替レートは1ドル＝約145円の円安になっているため、売出企業の業績が上がり、株が買われているのです。

投資をする前に目標を決めよう

投資を始めるときは、具体的な目標を決めて始めることをオススメします。

なんとなくお金が増えればいいなあと思って始める人も多いかもしれませんが、目標がないとモチベーションを維持することは難しいです。

配当株は長期投資です。10年、20年と長期間にわたって投資を続けることで力を発揮する投資です。最初のうちは利益も少ないので、目標がないと途中で投資に対するモチベーションが下がってしまいます。配当金投資による恩恵を受ける前に投資を辞めてしまうと「配当株投資になんて大したことないな」という感情だけが

残ってしまいもったいないです。

たとえば、老後の資金形成のために年金や貯蓄に加えて株による収益を加えたいでもいいですし、将来家を買いたいからそのための投資でもかまいません。毎月のお小遣いを増やしたいでもいいです。その目標を達成するには、いくらの投資が必要なのか具体的な金額があるとモチベーション維持につながります。

長期の資産運用・資産づくりでは、その目的と目標金額、さらにそれをいつまでに達成するのかを最初にハッキリと決めておくことが大切です。

配当金は毎年企業がいくら支払うかを決め、3月期の決算短信などで公表されるので、1年間の収入もそのタイミングでおおよそ計算ができます。いつまでにいくら必要なのかが決まっていれば、その目標を達成するためにはどのくらいのペースで投資をしていけばいいのかもわかってきます。

せっかく投資をしているのに、必要な時期に目標金額を達成していないと意味がありません。投資にかけた時間がムダになりかねないので、必ず目標を決めておきましょう。

NISAの非課税枠を使えば税金がかからないので、実質約20％利益が増える

株式投資をするときに悩みの種となるのが税金です。配当金にしろ、株式売却にしろ、利益を得ると利益のうち約20％を税金として国に納めなければなりません。

1000万円儲けたとしても約200万円を税金として持っていかれてしまうと考えると、税金の高さでイヤになってしまう人もいるでしょう。

その税金を非課税にできる制度がNISAです。毎年決まった投資額までの税金を非課税にできる制

度で、実質的に利益を約20％増やすことができます。

これまではNISAで株運用をすると5年で非課税期間が終わりロールバックなどの対処が必要だったので配当株投資との相性はあまりよくありませんでしたが、2024年から始まる新NISAでは、運用期間が無期限に設定されているので、長期運用が前提である配当株投資とも相性が良くなります。

新NISAの1年間で株に投資できる限度額は240万円なので、最初にうちは一気に投資をしようとしなければ、上限に達することはあまりないでしょう。また、生涯の上限額のうち株運用できる枠は1200万円もあるので、投資を続けこの枠がいっぱいになったころには、毎年の配当金も満足いく額になってきているはずです。

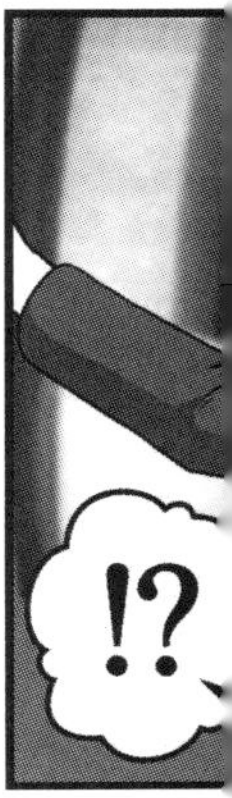

私の投資人生

私が初めて投資をしたのは、今から25年前、当時25歳でした。まだネット証券がなく、店頭取引がメインの時代でした。

当時はイー・トレード証券（現・SBI証券）が日本に上陸したと新聞の見開きで出ており、口座開設をすると上場する予定があったソフトバンクテクノロジーのIPOに参加できるとのことで、応募してみたことがきっかけです。

口座開設とともに、IPOにも当選し、250万円くらいで買ったソフトバンク・テクノロジーが4000万～5000万円にもなり、「これは稼げるぞ」と思い、株式投資にはまりました。

そのあと失敗もいっぱいありましたが、仕事のかたわら証券会社の担当者に教えてもらいながらファーストリテイリングなどの推奨銘柄の売買を続けていました。

このころはまだ配当金についてはあまり興味がなく、株式売買は値幅を取るものだと思っていました。

IPO……Initial Public Offering。証券取引所に新規に上場されることを指す。応募抽選によって株が購入できる。

転機が訪れたのは2008年のことです。私はそのころ任天堂株での取引を行っていました。当時の任天堂株の株価は6万円ほどで、1単元あたり約600万円ほど、ちょっと動くだけで1万円が稼げたので、デイトレ的に売買を行っていたのですが、そんななかリーマンショックが発生し、任天堂の株価が急落してしまいました。

1株6万円程だった株価が7000~8000円程度までに下落したのです。私は急落に合わせ9回ナンピン買いを行い、平均取得価格が2万3000円となり、持ち株は1000株にもなっていました。

任天堂株はその後、「Nintendo Switch」の発売によって株価が復活するのですが、その間7~8年ほど株価の低迷がありました。

私は、その時どうしていたかというと、ようやく配当金のうま味に気が付いたのです。1000株保有していた任天堂株から配当金が受け取れるわけですが、その金額が数十万円もありました。

そのとき「ずっとこれを持ち続けていたら損が損じゃなくなるんじゃないか?」と思い、配

ナンピン……保有している銘柄の株価下がっている中で買い増しを行い、平均購入単価を下げる行為。

当金の可能性について考えるようになりました。

また、飲食系の株を買ったりすると株主優待で食事券がもらえることにも気づき、コロワイドを25万円で株を取得しました。コロワイドは配当金はもらえませんが、株主優待として年間4万円分の食事券がもらえます。

毎年4万円もらえるから、7年保有していれば買値と同額以上の食事券をもらえるわけです。その間株価も上がれば……と皮算用して考えていくうちに株を長期保有するという投資法があるんだということを考え始めました。実際にコロワイドの現在の株価は当時から4・7倍になり、含み益はおよそ100万円にもなります（2023年8月14日時点）。

配当金や配当利回りについて、計算していくうちに「株って長期間持っていればすごく恩恵が受けたれるんだ」ということに気づいて配当利回りと株主優待が豪華な地銀株や累進配当をしている株を買うようになっていきます。

配当金や株主優待を中心とした投資に切り替えてからはその恩恵に驚きがありました。まず、生活が豊かになります。生活必需品や食事などは株主優待でまかなえますし、配当金による現金収入も魅力的です。

また、株主優待によって現金を使わなくなり、その分投資に回せるので、投資効率もよくなります。

そんな配当株投資を続けていくうちに配当金による収入が多くなり、会社を退社しFIRE生活を送ることになりました。

FIRE後もFIRE前と比べて生活レベルを下げる事なく、生活ができています。これも配当金による収入のおかげともいえます。

本書を通じて、私が長年の投資経験で得た投資についての情報が役に立てば幸いです。みなさんのなかでひとりでも多くの方が配当株投資で幸せになることを心から願っております。

FIRE……Financial Independence, Retire Early。「経済的自立と早期リタイア」。

第3章 長期保有できる高配当銘柄を見つける秘訣

第5章 高配当株を持ったあとにすべきこと

第6章 長期保有で高配当が期待できる銘柄

第1章

持ち続けるだけでお金が入ってくる「高配当株」は金のなる木

高配当株は持ち続けているだけで、配当金を受け取ることができます。そんな高配当株を運用する配当株投資の魅力や配当金の仕組み、昨今の日本企業の配当金への取り組みについて説明します。

株を売らなくてもお金が増える

高配当株は売買せずに保有しているだけで配当金がもらえる

堅実にお金が増える配当株投資

みなさんは株式投資というとどんなことを思い浮かべるでしょうか?

株を売買してその差額でお金を増やすことをイメージする人も多いでしょう。実は、株式投資でお金を増やす方法はふたつあります。ひとつは皆さんがイメージする株式の売買によって得られる利益です。たとえば、株価が30万円で購入した株式が、35万円になったときに売却した場合、差額5万円が利益になります（手数料・税金を除く）。このように**株式の売買によって得られる売買差益（譲渡益）のことをキャピタルゲイン**と呼びます。売買差益狙いの投資は大きな利益を得られる可能性がある一方で、買ったときよりも株価が下がってしまう大損してしまう可能性があります。

もうひとつのお金を増やす方法は配当金をもらうことです。配当金とは株式を保有していることでもらえるお金のことを指します。このように**株式を保有することでもらえる利益のことをインカムゲイン**と呼びます。

配当金狙いの投資は、一度の株式売買での差益で大きな利益を狙うことはできませんが、時間をかけることで大きな利益を狙えます。また、基本的に売買をしないので株価に左右されることもありません。株式の売買で大きな損失を出す可能性も低いといえます。

本書では、配当金を目的とした投資手法のことを「配当株投資」と呼び解説していきます。配当株投資は、株を売買する必要がなく、**投資先の企業が利益を上げ続けていれば、その株を持っている限り、半永久的に利益を受け取ることができます。**

高配当株を中心に投資して配当金を狙う

配当株投資では、高配当株を中心に投資することになります。高配当株とは、**配当利**

回り（1株当たり配当金／株価）の高い銘柄を指します。一般的には配当利回りが4％以上の銘柄を高配当株と呼びます。

高配当株は、安定した業績と株主への利益還元の姿勢が高い傾向があります。配当金を狙って長期保有する株主も多く、ある程度株価を下支える力があるので、大幅に株価が下落しにくい傾向があります。

安定した収入を確保できる

譲渡益を狙う場合、持ち株を売買してその差益を狙うため、株価の動きは常に意識する必要があり、株価の上がり下がりで一喜一憂し、本業が身が入らなくなってしまうこともあります。一方、配当株投資の場合は、黙っていても配当金が入ってくるので、株価の動きに過剰に反応する必要がありません。株価の動きに動揺しないという面は皆さんが思っている以上に大きな魅力です

株を保有しているだけで勝手に配当金が入ってくるので、不労所得のひとつとも言え、**保**

不労所得……自分自身が労働することなく得られる所得。株式投資による配当金、不動産投資による家賃収入などを指す。

有株が多くなればなるほど、安定した収入を得ることができます。

利益の見通しが立てやすい

配当株投資はだいたいどれくらいの利益がもらえるかの見通しが立てやすいのも特徴です。企業は「このくらいの配当金を配りますよ」という配当予想を出しているので、1年間でどのくらいの配当金が得られるかの目算が立てられます。

また、モノの価格が上がるインフレ下では、企業の商品やサービスの価格が上がるため、利益も増えやすい傾向があります。株主還元に力を入れている企業なら利益が増えた利益を配当金に反映してくれる期待ができます。そのため、高配当株はインフレに強いといえます。

まとめ

安定した収入で見通しが立てやすい配当株投資

業績によって配当金を出してくれる

配当金は企業の利益から捻出されている

企業の利益の一部が配当金になる

株を購入しても、配当金は必ずもらえるわけではありません。株主は出資比率（持ち株数）に応じて利益の還元を受ける権利（利益配当請求権）を持っています。そのため、企業の利益の状況に応じて配当金の有無・増減が決定し、本決算や中間決算などのタイミングで支払われます。企業の業績の状況によっては配当金が支払われないことがあります。

配当金は、権利確定日（会社の決算日と同一日が多い）時点で株主名簿に登録されている株主に対して支払われるので、株式を購入して配当金を受け取るためには、権利付最終売買日までに買付けの約定をしなければなりません。

株主還元……会社が営業活動によって獲得した利益を株主に還元すること。配当金や株主優待などで株主に利益をもたらすことを指す。

配当金の仕組み

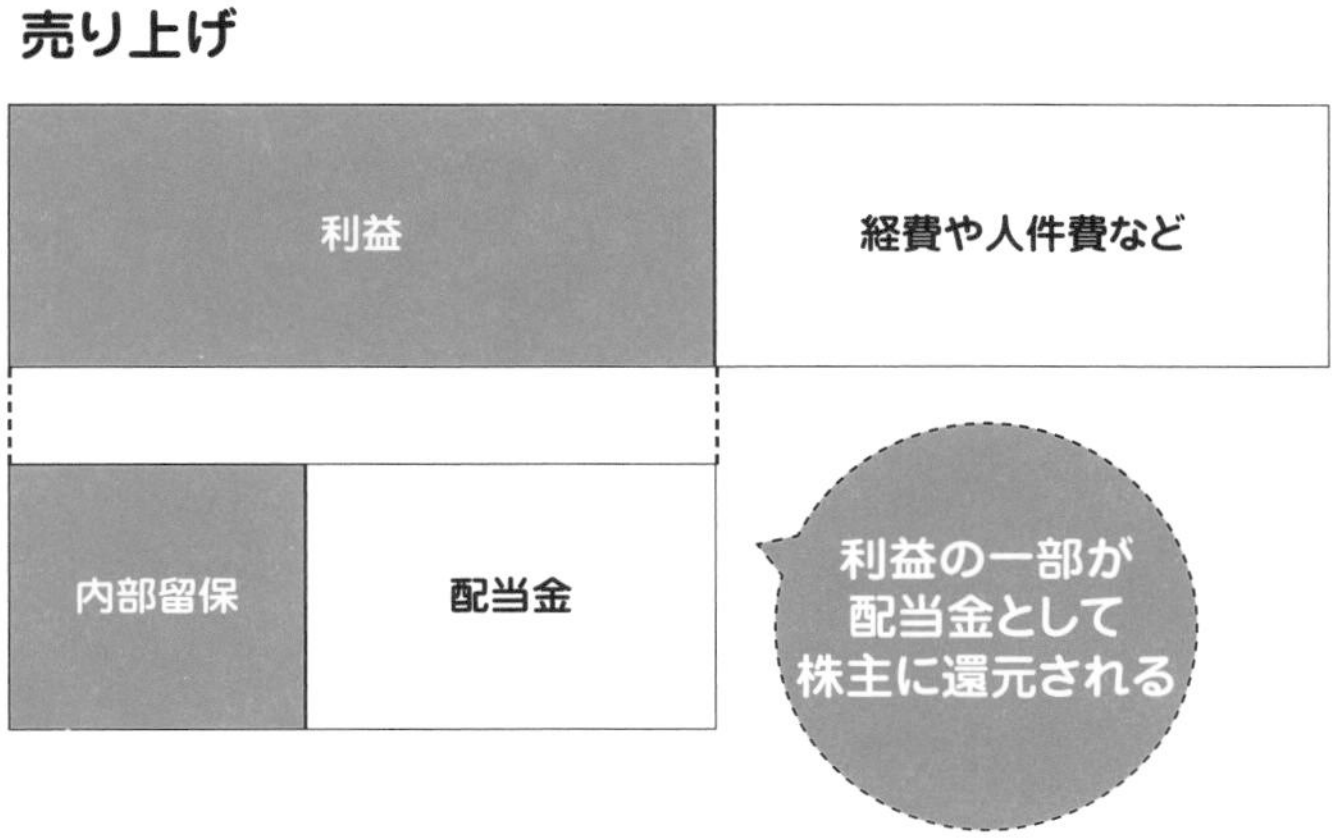

企業によって配当金の方針は異なる

配当金は、企業が得た利益の一部を株主還元するために分配されますが、企業の配当方針によって配当金は異なります。

企業によっては、業績にかかわらず配当金をもらえない場合もありますし、利益に応じて配当金を増減することがあります。

また、経営戦略上、利益を設備投資などに充当する必要が生じたときなども、通常よりも配当金額が減ったり分配されなかったりすることがあります。

一部例外はあるものの、**基本的には企業の**

配当利回りや1株配当は予想が公表される

参考指標	
時価総額 🕒 用語	3,386,574 百万円 (15:00)
発行済株式数 用語	1,234,849,342 株 (08/01)
配当利回り（会社予想）🕒 用語	3.43 % (15:00)
1株配当（会社予想） 用語	94.00 (2024/03)
PER（会社予想）🕒 用語	(連)9.75 倍 (15:00)

証券会社のサイトなどで配当利回りや1株配当の会社予想を確認できる。

業績が高くなれば増え、悪くなると減るものだと覚えておきましょう。

配当回数で選ばない

1年間に配当金がもらえる回数は企業によって異なります。日本の企業では年1回、または2回行う企業が多い傾向にありますが、年4回の配当を行う企業もあります。

一見、「年4回も配当をもらえるなんてお得だ」と思うかもしれませんが、**株価と配当利回りが同じなら、受け取る金額は変わりません。**年間の配当金を4回に分けて受け取るか、2回に分けて受け取るかの違いでしかありません。

年4回の配当は早く配当金が受け取ることができるというメリットはありますが、お得というわけではないので、配当回数だけで銘柄を選ばないようにしましょう。

配当利回りを重視する

配当金は「配当利回り」と「1株配当」という形で公表されています。配当利回りとは前述したように株価に対しての配当金の利回りを指し、「1株配当」は1株持っていればもらえる配当金額です。たとえば、1株配当が120円なら1株持っていれば年間120円もらえます。「配当利回り」は株価に対してどのくらいの利回りなのかを示していますので、株価が3000円で配当利回りが4％の場合は、1株配当は120円になります。高配当株を選ぶ際は「配当利回り」が高い銘柄を選ぶことが基本です。一般的には配当利回りが4％以上の銘柄です。

たとえばA銘柄は1株1000円で1株配当40円（配当利回り4％）、B銘柄は1株

2000円で1株配当60円（配当利回り3％）だったとします。1株配当だけで見ればB銘柄のほうが多くもらえますが、株を購入するためにかかった費用を回収するまでの時間はA銘柄のほうがはやくなります。株価と配当利回りが変わらず株を保有し続けた場合、A銘柄は25年で購入価格である1000円を回収できるのに対し、B銘柄は2000円回収するまで34年もかかります。このように、配当利回りが高い銘柄のほうが株を購入した代金に対しての回収速度が速くなるので、1株配当よりも配当利回りを重視して銘柄を選択します。

ただし、配当利回りはその時点の株価に対しての配当金の利回りなので、株を買ったあとは、取得価格に対しての利回りや、1株配当の増減が重要になります。

まとめ

1株配当よりも配当利回りが大切

配当利回りが高い株を買うことが大切

	A銘柄	B銘柄
株価	1000円	2000円
1株配当	40円	60円
配当利回り	4%	3%
株価と同額の配当金が受け取れる出の期間	25年	34年

配当利回りが高いほうが資金を回収する速度が早い

上記の表ではA銘柄のほうがよい。ただし、配当利回りはそのときの株価に対しての利回りなので変動する。購入後のチェックは大事（68ページ参照）

配当株投資は安定してお金が増える

長期的な視点で投資することが大切

将来を見据えて投資することが勝つための秘訣

配当株投資はその安定性が魅力のひとつです。企業は決算ごとにいくら配当金を支払うのかや、配当金予想を発表します。これによって**株主は自分がどのくらいの配当金がもらえるのかが予想できます。**

一方、株式売買によって利益を得ようとする場合、株価の予想などはだれにもできないので、自分がどのくらいの利益を得ることができるのかを予想することは不可能です。短期間で資産を増やすことばかり考えてしまい、株価の動きだけでよくわからない企業の株を売買して大きく損失を出してしまい、経済的にピンチに陥ってしまう人も少なくありません。

また、株式売買は1度売買したら利益はそれっきりですが、**配当株投資は持ち続けているだけで毎年配当金をもらうことができます。**10年、20年と長期にわたって安定して利益を得るためには、配当株投資のほうが安定すると考えるのはだれにでもわかることでしょう。

将来を見据えて投資することが勝つための秘訣

株式売買で利益を得る方法を勉強してきた人にとっては、配当株投資による利益は物足りなく感じてしまうかもしれません。しかし、長期にわたって配当株投資を続ければ、安定した大きな利益が期待できます。とくに配当株投資は投資規模が大きくなれば大きくなるほど雪だるま式に利益が増えていきます。いきなり、大きな金額で投資するのは難しいかもしれませんが、10年、20年かけて投資資金が大きくなればそれだけ利益額が大きくなります。

まとめ

株式売買に比べ配当株投資は安定性が高い

長く続けるほど資産形成ができる

安全に確実に資産を形成し将来の生活設計を安定させる

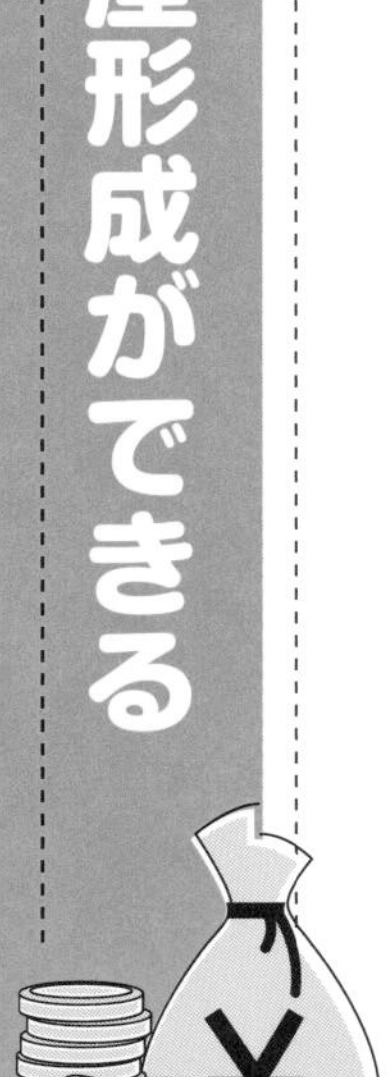

利益を生み出す恩株を増やす

高配当株は売らずに長期保有することで安定した利益が見込めます。たとえば、100万円で配当利回りが4%の株を買った場合、**何もしなくても年間4%、つまり4万円の配当金がもらえます。**長く続けていけば、株を購入した金額を配当金として受け取ったうえで、さらに配当金をもらったり、株を売ることで利益を得ることができます。たとえば、配当利回り4%の株が配当金を減らさなかった場合、25年持ち続けていれば購入金額と同額の配当金を受け取ることになります。このような「元本を回収済の株」のことを「恩株」とよびます。恩株が増えれば増えるほど、利益を生み出すだけの株が増えることになります。

労働収入以外の収入を作れる

長期的に配当金を受け取ることで、安定した収入源が生まれるということは、給与などの労働収入以外の収入が生まれるということです。普段の生活費やお小遣いの不足を補ってもいいですし、旅行や食事などのぜいたくに使ってもいいでしょう。

また、詳しくは後述しますが、配当金をさらに投資に回すことで複利効果によって雪だるま式に資産を増やすことも可能です。金銭的に余裕があれば、配当金の一部またはすべてを再投資して受け取る配当金をさらに増やしていけば、配当金による資産形成がさらに強固なものになります。

まとめ

株を長期保有することで株の購入金額以上の配当金を受け取れる

増配が実施されれば配当金が増える

配当株投資は、通常の配当収入以外に「増配」がある

企業の業績改善によって増配の可能性もある

多くの企業は自社利益のなかから株主還元策として配当金を出しますが、業績が良くなったときや株主還元を強化するときに配当金が増額されることがあります。このように配当金を増額することを「増配」と呼びます。

企業の業務向上による増配は「普通増配（普通配当）」と呼ばれており、一般的に増配という場合は、普通増配を指します。

増配は普通増配以外にも、企業の業績が極めて好調であったときなどに通常の配当以外に一時的にプラスされる「特別増配（特別配当）」、企業の創業10周年などを記念して配当さ

れる「記念増配（記念配当）」があります。普通配当以外は一時的な増配なので継続性はありません。

増配があるから長く持つほど有利に

1株配当が10円から20円に増配したと聞いてどう思うでしょうか？

いままで配当金についてあまり知らない人にとっては大した違いはないと感じてしまうかもしれませんが、じつはこのわずかな違いで得られる利益は大きく変わっていきます。

たとえば、1株配当が10円のときに1000株持っていた場合、受け取れる配当金は1万円です。1株配当が20円になると、受け取る配当金も倍の2万円になります。ただ株を持っているだけで、株数を増やさなくても、企業ががんばって増配してくれればそれだけで受け取る利益が倍になるということです。

近年は、株主還元の意識が高まっていることもあり増配する企業も増えています。たとえば大手総合金融サービス企業のオリックス（8591）は2014年の配当は23円でした

オリックス（8591）の配当金推移

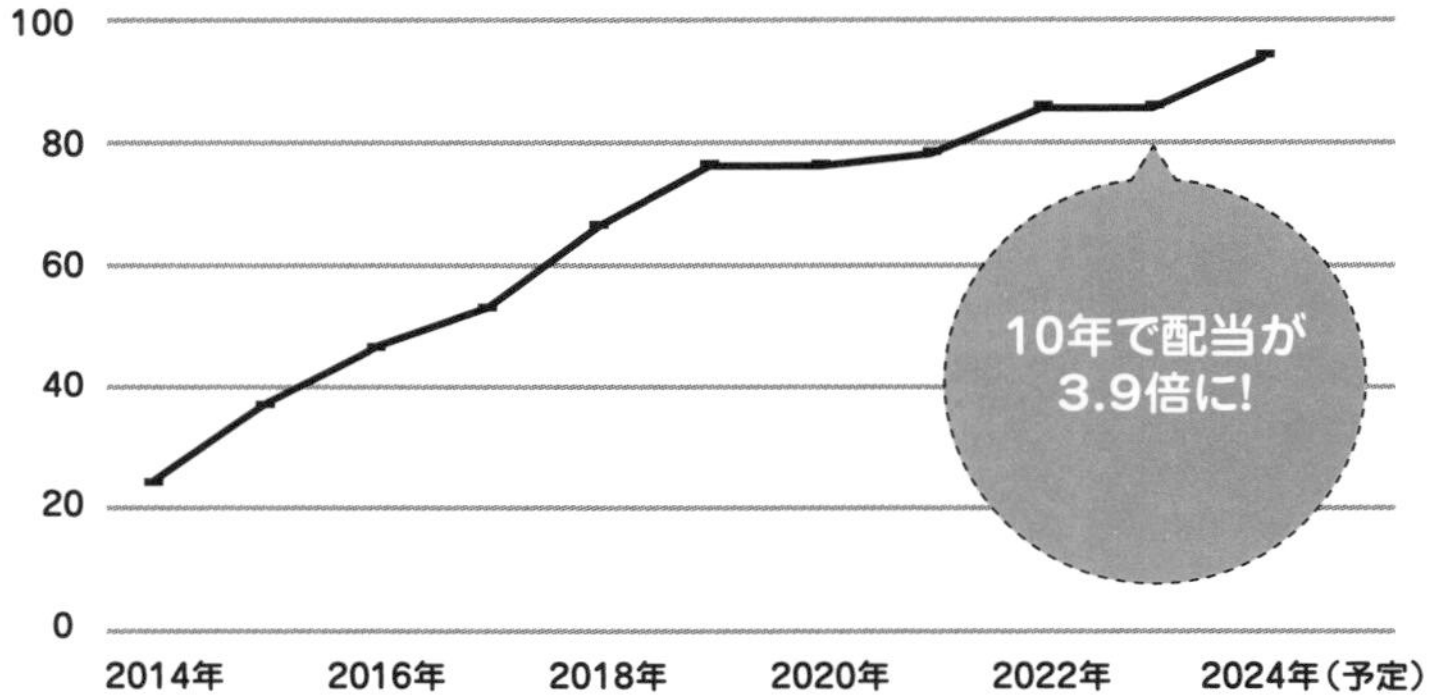

オリックスは高頻度に増配を行い、利回りも高いため、高配当株のひとつとして注目を集めている。

が、2024年の配当予想は94円となっているので、約3・9倍にまで増配しています。1000株で2万3000円の配当をもらっていた人は2024年は9万4000円の配当を受け取れるということになります。

増配すれば投資した金額分を配当金で受け取れるまでの時間も短縮され、最初は物足りない配当金でも、**将来的にはお金を生み続けるお宝になります。**

業績が好調な企業や安定している企業ほど増配する可能性が高いので、そういった企業の銘柄を狙うことが配当株投資では重要になります。

業績によって増配されるからインフレに強い

配当金は業績が良くなれば増配されやすくなりますが、この特徴から配当株投資はインフレに強いとされています。インフレとは私たちが普段買っている日用品やサービスの価格が上昇することを指します。インフレになると企業の利益も増えます、**利益が増えると増配される可能性が高くなるので、「配当株投資はインフレに強い」といわれる**わけです。

似たような理屈で物価が安い日本だけで事業展開している企業よりも、物価が高い海外にも事業展開しいている企業のほうが今後増配する可能性が高いともいえます。そういった意味でも投資したい企業がどのような事業を行っているのか、海外展開にどれくらい力を入れているのかなども知っておく必要があります。

まとめ
業績が好調な企業は増配しやすい

累進配当を掲げる企業が増えている

長期的に増配や配当を維持する企業をチェックする

企業の業績改善によって増配の可能性もある

企業の中には、「累進配当」を謳う企業も増えています。累進配当とは、**長期的に減配せず増配や配当を維持していることを指します**。

たとえば、三菱ＨＣＰキャピタルは23期連続で増配しているうえ、株価も上昇傾向にあります。配当利回りは４％を上回っているので、高配当株としても優秀です。

このように累進配当を続ける企業は多く、**なかには40年以上減配していない企業もあります**。このような企業は突然無配になる可能性が低いと考えられるので、配当株投資をするうえでえ候補となる銘柄となります。

長期間減配なしを継続している企業

企業名	非減配期間	配当利回り
武田薬品工業（4502）	40年以上	4.26%
日本化薬（4272）	40年以上	3.42%
日清紡ホールディングス（3105）	40年以上	2.94%
花王（4452）	40年以上	2.77%
塩野義製薬（4507）	40年以上	2.44%
信越化学工業（4063）	40年以上	2.14%
アサヒグループHD（2502）	40年以上	2.04%
ヱスビー食品（2805）	40年以上	1.68%
井村屋グループ（2209）	40年以上	1.22%
ライフコーポレーション（8194）	40年	2.21%
歌舞伎座（9661）	40年	0.10%
三益半導体工業（8155）	36年	2.14%
長府製作所（5946）	35年	1.59%
マックス（6454）	35年	2.78%
コメリ（8218）	35年	1.76%
レンゴー（3941）	33年	2.63%
相模ゴム工業（5194）	33年	1.34%
ニトリホールディングス（9843）	33年	0.86%
鳥居薬品（4551）	32年	2.75%
アークランズ（9842）	32年	2.46%

配当利回りは2023年8月時点の企業予想

累進配当を実施する企業が増えている

近年では累進配当を表明する企業も増えています。たとえば、エネルギー関連設備などプラント産業の建設・メンテナンスを行うニチアス（５３９３）は、「中期経営計画」で2023年3月期～2027年3月期まで累進配当を継続する方針を表明しています。累進配当を表明している企業は、**基本的にはその時点での配当金から下がることはありません。**そのため、数年先まで受け取れる最低限の配当金を予想することができるので、安心感があります。

累進配当の継続は企業サイトの「株主・投資家向け情報」や「中期経営計画」などで表明されていることが多いので、気になる企業があった場合はチェックしておくといいでしょう。

まとめ

累進配当を表明する企業は配当金を予測しやすい

中期経営計画……企業が3～5年程度の中期的に目指す計画のこと。具体的な数値目標で設定したり、配当などについても買書かれていることが多い。

サイトで累進配当を表明している企業もある

ニチアス（5393）の株主向けページ

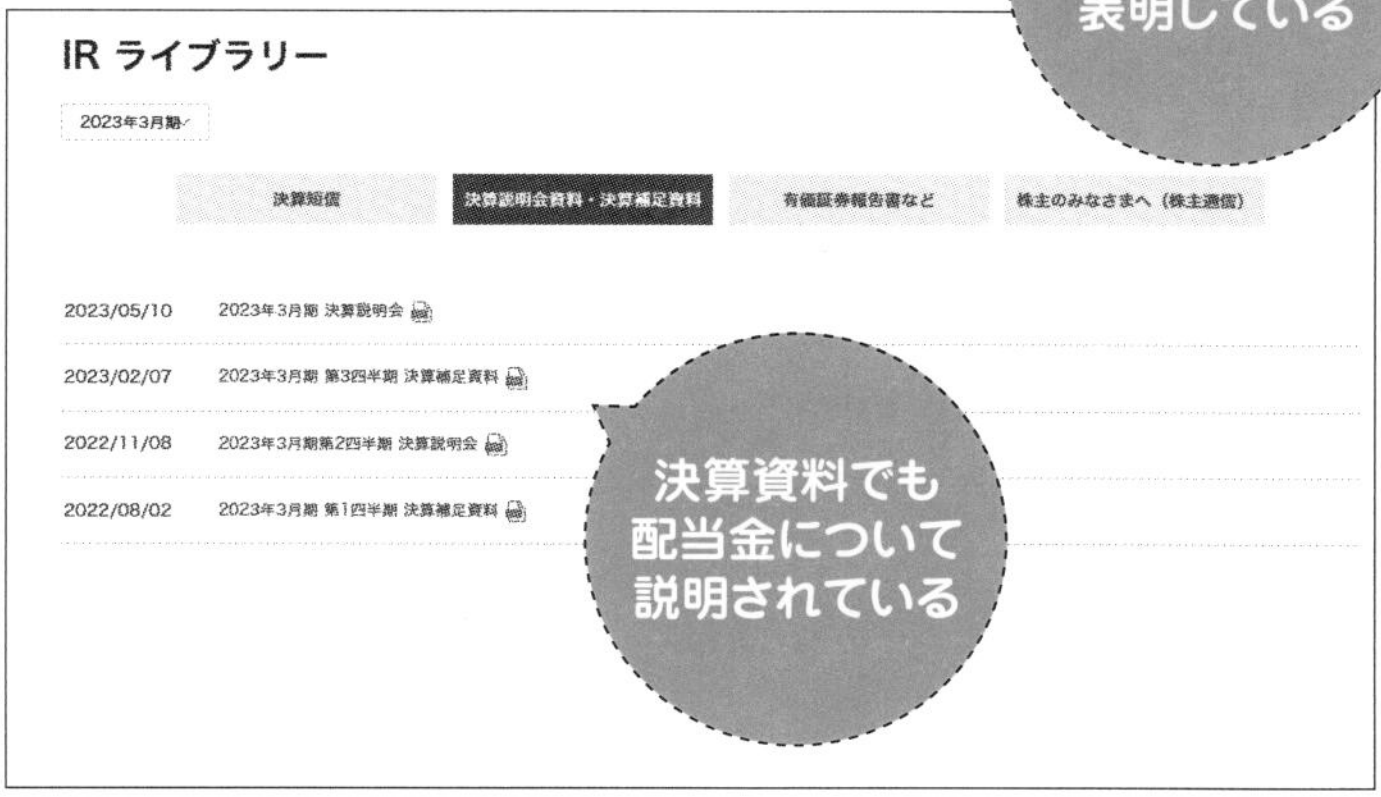

配当金コラム.1

「配当金」と「株主優待」をダブルで狙おう

株主優待は日本独自の文化

株を持ち続けるだけでお金が入ってくる「配当金」と似た制度で「株主優待」があります。株主優待は株を持っているだけで商品や割引券などが受け取ることができます。配当金が高く、株主優待も豪華な企業の場合、実質的な利回りをさらに増やすことができます。

株主優待は、実は日本独自の制度で海外株では株主優待は実施されていません。また、株主優待は日本国内向けのものがほとんどなので、海外投資家からは同じ株主なのに不平等だという批判もあります。また、株主増加によって配送コストが高くなったこともあり、近年は株主優待を廃止して、株主還元を配当金に一本化する動きが増え始めています。

第2章

これを知っておけば高配当株投資で損をしない！

配当株投資はＮＩＳＡを利用することで、配当金や売却益が非課税になるのでさらに効率よく運用ができるようになります。そんな相性の良いＮＩＳＡやや配当金の再投資について説明します。

NISAを使えば税金がかからない

約20%かかる税金を非課税にできる

NISAなら投資の利益がそのまま残る

株式投資によって生じる利益には企業から分配される配当金と株式の売買によって生じる譲渡（売却）益があります。この利益には所得税15%と、住民税5%、復興特別所得税（2037年12月末まで）0・315%の合わせて20・315%の税金がかかることになります。たとえば、年間100万円の配当金を受け取った場合は20万315円を税金として国に納める必要があります。

しかし、NISA（少額投資非課税制度）を使えば一定額までの投資に対する税金が非課税になります。**実質的に約20%もの利益が手元に残る**ので使わない手はありません。

※本書では2023年末までのNISAを「現行NISA」、24年以降から始まるNISAを「新NISA」と呼称します。

現行NISAには「通常NISA」と「つみたてNISA」「ジュニアNISA」の3種類があります。「一般NISA」は、株式やETF、投資信託、REITなどを年間120万円まで購入でき、最大5年間非課税で保有できます。「つみたてNISA」は一定の投資信託を年間40万円まで購入でき、最大20年間非課税になります。ジュニアNISAは未成年専用のNISAで、一般NISAと同じ商品を年間80万円まで購入でき、最大5年間非課税で保有できます。

配当株投資をする場合は「一般NISA」を使って取引することになります。NISA口座はさまざまな証券会社で対応していますが、すべての証券会社を通じてひとり1口座しか作れないので、注意しましょう。

現行NISAは併用ができない

一般NISAとつみたてNISAは併用ができません。また、一般NISAやつみたてNISAの商品を売却しても、非課税で投資できる金額（非課税枠）は復活しません。さらに、N

ISAの非課税枠が余っていても翌年以降に持ち越せません。あくまで「使い切り」の制度なので覚えておきましょう。

現行NISAで新規の投資ができるのは2023年末まで

一般NISAやつみたてNISAで新規の投資ができるのは、2023年末までです。詳しくは54ページで解説しますが、2024年以降は、新NISAが始まり、現行NISAでは新規開設・購入ができなくなります。ただし、2023年末までに現行NISAで投資した分については、非課税期間中の保有は可能です。

また、現行NISAと新NISAの併用は可能なので、2023年中に現行のNISAで投資を行えば、新NISAと別枠で非課税枠を利用できるのでお得といえます。

まとめ

NISAを使えば実質的に約20%の利益が増える

現行NISAの制度（23年末まで）

	つみたてNISA	一般NISA
年間投資枠	40万円	120万円
非課税保有期間	20年	5年
非課税保有限度額	800万円	600万円
口座開設期間	2023年末	
投資対象商品	金融庁が指定した投資信託	上場株式、ETF、投資信託、REIT
購入方法	積立購入	スポット購入、積立購入
ロールオーバー	不可	可能
資産の途中売却	いつでも可能	いつでも可能

※現行NISAの口座開設期間は2023年末まで、ジュニアNISAは2023年9月まで。

ロールオーバー……NISA口座の非課税期間が終了したあとに、金融商品を翌年の非課税投資枠へ移管すること

2024年から始まる新NISA

新NISAは非課税期間が無期限、配当株投資との相性がさらに良くなる

2024年から新しいNISAが始まる

2024年1月からは、新しいNISAである「新NISA」が始まります。現行のNISAと比べて大きく変わるポイントが4つあります。

ひとつは**「年間の非課税投資枠が拡大」**です。これまで、つみたてNISAが40万円、一般NISAが120万円だった年間の非課税投資枠が、**新NISAでは360万円に拡大します。**生涯投資枠もこれまでつみたてNISAが800万円、一般NISAが600万円だったのに対し、**新NISAは1800万円と拡大しています。**

ふたつめの変更ポイントは、**非課税期間が無期限になることです。**現行NISAでは有限

生涯投資枠……新NISAにおいて、非課税で投資できる最大の金額。株式投資ができるのは1800万円のうち1200万円までとなっている。

新NISAの制度内容

	つみたて投資枠	成長投資枠
年間投資枠	120万円	240万円
非課税保有期間	無期限（恒久化）	
生涯投資枠	1800万円 （内成長投資枠は最大1200万円）	
口座開設期間	2024年1月～（無期限）	
投資対象商品	金融庁が指定した投資信託	上場株式、ETF、投資信託、REIT
対象年齢	18歳以上	
購入方法	積立購入	スポット購入、積立購入
現行制度との関係	現行のNISAとは別枠として扱われ、併用も可能。現行NISAから新NISAへのロールオーバーは不可。	

だった非課税保有期間が、無期限（恒久化）とされ、これまでよりも長期的な投資が可能になります。配当株投資は長期間保有するほど有利になるのでこの変更点は大きな追い風となっています。

3つめは**「売却で投資枠が翌年以降復活」**することです。現行NISAでは売却時に投資枠が復活しない使い切りの枠でしたが、新NISAでは売却分の非課税保有限度額が再利用可能となります。減配や無配などによりやむなく配当株を売ることになっても、その枠を再利用できるので枠のために売却に悩むことはなくなります。

4つめは**「つみたて投資枠と成長投資枠が併用可能」**になったことです。現行NISAではつみたてNISAと一般NISAの併用ができませんでした。新NISAでは「つみたて投資枠」と「成長投資枠」が併用可能なので、**配当株投資と同時に投資信託の運用などをしたい場合も NISAを活用できるようになります。**

つみたて投資枠と成長投資枠はそれぞれ年間投資限度額が異なります。つみたて投資枠は年間120万円、成長投資枠は240万円が限度になります。また、生涯投資枠のうち、成長投資枠で購入できるのは最大で1200万円までになります。

新NISAがはじまっても現行NISAで保有はできる

現行NISAと新NISAは別枠になっているので、現行NISAで2023年末までに投資した分は新NISAとは別枠で運用することが可能です。

ただし、非課税保有期間満了後、「新NISA」へロールオーバーすることができません。非課税保有期間満了後は、売却するか課税口座に移して運用を続ける必要がありますが、課税口座に移した時点から税金が発生するようになります。もし、現行NISAで運用している資産を新NISAに移したいという場合、一度売却して現金化してから、新NISAで新しく商品を購入して運用する必要があります。

まとめ

新NISAはより配当株投資に適している

始めるのが早ければ早いほど良い

投資期間が長くなるほど配当株投資の効果が高くなる

配当金の増加ペースが加速していく

配当株投資は時間をかければかけるほど資産は増えていきます。そのため、始めるのが早ければ早いほどその効果を実感できるようになります。

たとえば、配当利回りが4％での銘柄に毎月3万円投資すると、左ページのように年々もらえる配当金が増えていきます。最初の数年は物足りないかもしれませんが、7年目には年間10万円を超え、14年目には20万円を超えます。配当金の増加ペースは年々加速していくので、できるだけ早く投資を始めたほうが有利になります。

また、NISAを活用する場合は、1年間に投資できる金額は決まっています。配当株投

毎月3万円を継続して投資を行った場合

配当利回り4%の銘柄に投資した場合

	購入金額	受け取れる配当金
1年目	36万円	1万4400円
2年目	72万円	2万8800円
3年目	108万円	4万3200円
4年目	144万円	5万7600円
5年目	180万円	7万2000円
6年目	216万円	8万6400円
7年目	252万円	10万0800円
8年目	288万円	11万5200円
9年目	324万円	12万9600円
10年目	360万円	14万4000円
11年目	396万円	15万8400円
12年目	432万円	17万2800円
13年目	468万円	18万7200円
14年目	504万円	20万1600円
15年目	540万円	21万6000円
16年目	576万円	23万0400円
17年目	612万円	24万4800円
18年目	648万円	25万9200円
19年目	684万円	27万3600円
20年目	720万円	28万8000円

資に使う「成長投資枠」は年間240万円で、最大で1200万円が上限となっています。非課税枠を最大限に使いたい場合においても、やはり早く投資を開始したほうが効率良くNISAの非課税枠を活用できます。

また、増配を続けている企業だと、40ページで説明したように増配前から株を持っておくことで将来的に大きな配当金がもらえる可能性があります。配当株投資を始めたいと思ったらすぐに行動を起こすといった思い切った行動が必要かもしれません。

いきなり大金を用意して投資する必要はない

株式投資というと大金が必要とイメージする人もいるかもしれませんが、証券会社によってはワンコインで購入することも可能です。株は基本的に1単元（100株）で売買されていますが単元未満株で売買できるサービスを提供している証券会社では、1株単位で売買することができます。株を買うために数十万円を用意する必要はなく、その気になればワンコインで買うこともできます。

お金を貯めてから配当株投資をしようとすると　時間のロスになってしまうので、やると決めたら少額でもいいのでとにかく早く始めるようにしましょう。

また、配当株投資は10年以上かけてようやく成果が出る投資方法です。そのため、**ムリなく継続して行うことが大切です。**ムリして大金を集めて投資をしようとすると長続きしませんし、投資をするための資金を集めている間に配当株投資への熱がなくなってしまうかもしれません。

人によってライフスタイルや金銭感覚が異なるのでやり方は人それぞれですが、自分にとって長期間継続して配当株投資をするにはどうしたらいいのかを考えることが大切です。

まとめ

早く始めるほど配当株投資は効果が高い

配当金を再投資して資産を大きくする

再投資することで効率よく配当金を増やせる

将来を見据えて投資することが勝つための秘訣

配当金をどのように使うのかは自分の好きなように選択できます。趣味に使ってもいいし、家族や友人との贅沢に使ってもいいでしょう。配当金を使っても、株数が減るわけではないので、翌年には再び配当金を受け取ることができます。

しかし、生活に余裕があるなら配当金を再投資することをオススメします。**配当金を再投資することで翌年以降さらに多くの配当金を受け取れるようになります。**

たとえば、配当利回りが４％の銘柄に毎月３万円投資したとします。配当金を再投資した場合としない場合とで計算すると、初年度はどちらも１万４４００円の配当金ですが、２

配当金を再投資したときとしないときの違い

配当利回り4%の銘柄に投資した場合

	再投資しないときの受け取れる配当金	再投資したときの受け取れる配当金	受け取れる配当金の差額
1年目	1万4400円	1万4400円	0
2年目	2万8800円	2万9376円	576円
3年目	4万3200円	4万4951円	1751円
4年目	5万7600円	6万1149円	3549円
5年目	7万2000円	7万7995円	5995円
6年目	8万6400円	9万5515円	9115円
7年目	10万0800円	11万3735円	1万2935円
8年目	11万5200円	13万2685円	1万7485円
9年目	12万9600円	15万2392円	2万2792円
10年目	14万4000円	17万2888円	2万8888円
11年目	15万8400円	19万4203円	3万5803円
12年目	17万2800円	21万6372円	4万3572円
13年目	18万7200円	23万9426円	5万2226円
14年目	20万1600円	26万3404円	6万1804円
15年目	21万6000円	28万8340円	7万2340円
16年目	23万0400円	31万4273円	8万3873円
17年目	24万4800円	34万1244円	9万6444円
18年目	25万9200円	36万9294円	11万94円
19年目	27万3600円	39万8466円	12万4866円
20年目	28万8000円	42万8804円	14万804円

年目以降は徐々にもらえる配当金額が変わってきます。最初の数年はわずかな差ですが、**10年目には年間配当金は2万8888円の差になります。**さらに、18年目には11万94円という10万円を超える大きな差になりそれ以降は加速度的にその差は広がっていきます。このように一度得た利益を再投資し、さらなる利益を得ることを「複利」と呼びます。

再投資は大きな支出をともなうイベント時にラクになる

人生の中には、結婚したり、子どもの受験・進学などの教育費、住宅を取得・改築したりと、大きな支出をともなうイベントがあります。そのような時期には、投資に回す資金を十分に確保できなくなってしまうこともあるでしょう。投資を優先しすぎて生活が苦しくなってしまうのは元も子もありません。

そんな投資資金の確保が難しい時期までに配当金を再投資しておけば、再投資しない場合と比較して受け取れる配当金が大きく違ってきます。投資資金の確保が難しい時期でも、これまで投資した分の配当金が受け取れるので生活をラクにすることもできるはずです、生活に余裕があるときは配当金の再投資を続け、支出が多い時期には配当金を生活費に回すなど臨機応変に対応することでムリなく投資を続けることができます。

また、再投資は有効な投資法ではありますが、必ずやらなくてはならないわけではありません。ある程度配当金額が大きくなってきたら自分の趣味やぜいたくに使うのもいいでしょう。せっかく配当株投資をするのですからご褒美として自分のために使うお金も確保したほうがモチベーションを保てます。

もちろん、配当金額が増えていくことがモチベーションにつながるのであれば、ムリに配当金を使う必要もありません。大切なのは、配当株投資を続けるモチベーションを保つための配当金の使い道を決めることです。

まとめ
配当金を再投資すると効率よく配当金を増やすことができる

配当金コラム.2

投資信託を併用して「新NISA」をムダなく使う

株式投資だけだと600万円分の枠が余る

新NISAの生涯投資枠は1800万円が上限ですが、そのうち株式投資で購入できるのは1200万円までです。つまり、600万円分は枠が余ってしまいます。株式投資ができない600万円の枠は条件を満たした投資信託のみ運用可能です（つみたて投資枠）。そのため、新NISAをムダなく使うなら投資信託の運用も考えてみましょう。

投資信託は投資のプロが運用する金融商品です。とくにインデックス型と呼ばれる投資信託は日経平均などの株価指数に連動するように設計されているのでシンプルでわかりやすく、投資信託のなかでは信託報酬（手数料）が低いので、初心者にもオススメといえます。

第3章

長期保有できる高配当銘柄を見つける秘訣

保有する銘柄はただ配当利回りが高いだけでは長期保有に適していません。配当性向や自己資本比率、ＰＥＲ、ＰＢＲなどのデータをみて長期保有に適しているかを判断します。この章では、高配当銘柄を選ぶ基準について説明します。

配当利回りが高いだけではダメ

配当利回りが重要でも他の指標との確認が必要

配当利回りは株価で変動する

33ページで1株配当と配当利回りについて説明しましたが、**企業が決めているのは1株配当の金額であって、配当利回りまで決めているわけではありません。**

たとえば、企業が1株配当を50円と決めたとします。このときの株価が1000円なら配当利回りは5%ですが、株価が2000円になっていたら配当利回りは2・5%になります。

このように配当利回りは一定ではなく、そのときの株価によって変動します。**株価が高くなれば配当利回りは下がり、安くなれば配当利回りは上がります。**また、株価は常に変動するので、購入時の株価によって配当利回りが変わるということになります。

株価によって変動する配当利回り

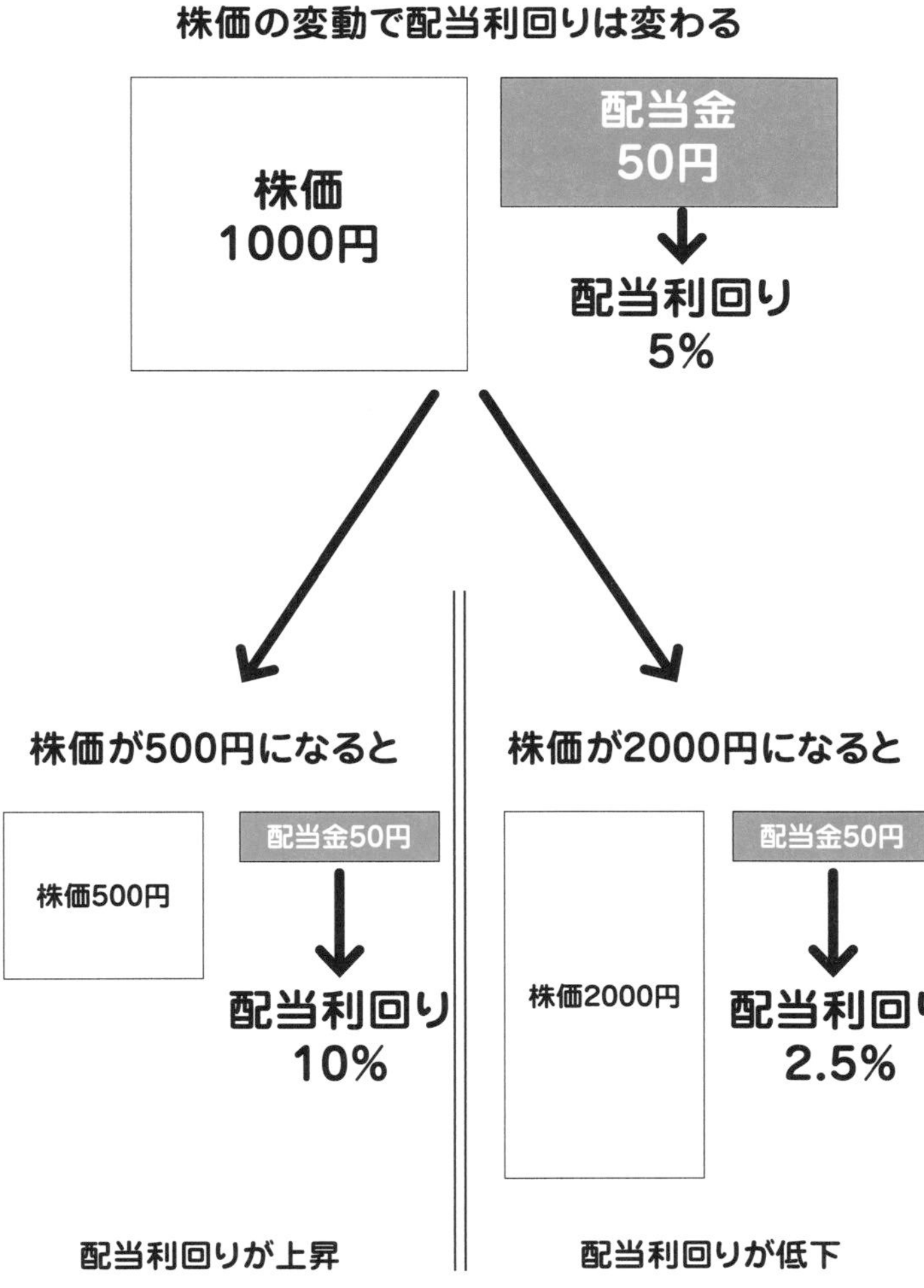

配当利回りだけを見て銘柄を選ぶと失敗しやすい

配当株投資は、配当利回りが高い株を選ぶというのが基本的な考えですが、ただ**配当利回りが高い株を選べばいいわけではありません。**

配当利回りが高いタイミングで買うというのは、正しくはありますが、その配当金が継続して支払われるかどうかはまた別問題です。

証券会社では配当利回りが高い順に銘柄がランキングされていることもありますが、これだけを参考にしてしまうと失敗してしまうこともあります。このランキングは企業が発表する配当予想と日々変化する株価を反映して計算しています。つまり、69ページの図のように株価が下がった場合は、配当利回りは高くなり、逆に、株価が上昇した場合は配当利回りは下がります。また、記念配当や特別配当などが反映されている場合は、長期的な利益は得られません。このように、配当利回りだけで判断すると思ったような利益が得られないケースもあります。

高配当ランキングだけで判断するのは危険

配当利回り（会社予想）

1～50件 / 3063件中(更新日時：2023/08/10 13:19)　〈 前のページ ｜ 次のページ 〉

順位	名称・コード・市場	取引値	決算年月	1株配当	配当利回り
1	ＪＴ 2914 東証PRM 掲示板	3,112 13:18	2023/12	188.00	+6.04%
2	(株)レーサム 8890 東証STD 掲示板	2,941 13:17	2024/03	175.00	+5.95%
3	世紀東急工業(株) 1898 東証PRM 掲示板	1,519 13:15	2024/03	90.00	+5.92%
4	アールビバン(株) 7523 東証STD 掲示板	1,018 13:17	2024/03	60.00	+5.89%
5	(株)タチエス 7239 東証PRM 掲示板	1,585 13:17	2024/03	92.80	+5.85%
6	東洋建設(株) 1890 東証PRM 掲示板	1,091 13:18	2024/03	63.00	+5.77%
7	伯東(株) 7433 東証PRM 掲示板	4,850 13:18	2024/03	280.00	+5.77%
8	(株)ＮＥＷ　ＡＲＴ　ＨＯＬＤＩＮＧＳ 7638 東証STD 掲示板	1,734 13:14	2024/03	100.00	+5.77%
9	(株)淺沼組 1852 東証PRM 掲示板	3,430 13:14	2024/03	197.50	+5.76%
10	東海道リート投資法人 2989 東証 掲示板	119,200 13:16	2024/01	6,674.00	+5.60%
11	(株)アーバネットコーポレーション 3242 東証STD 掲示板	361 13:18	2024/06	20.00	+5.54%
12	(株)あおぞら銀行 8304 東証PRM 掲示板	2,796 13:18	2024/03	154.00	+5.51%

出所:Yahoo!ファイナンス
（https://finance.yahoo.co.jp/）

配当利回りが
高いだを理由に
選ぶのはNG

配当性向や営業利益率など企業が公表する情報を確認する

これまで説明したように配当株投資は長期間保有し続け、じっくりと利益を獲得していく投資法です。たまたま見かけた銘柄が高配当であってもそれが長続きせず、すぐに減配してしまっては意味がありません。

高配当株は、この先10年20年と保有し、利益を生み出し続けられる可能性が高いものを探します。**なぜ、配当利回りが高いのか、業績が安定しているのか、減配の可能性は低いのかなどを企業が公表する情報をもとに考えていきます。**

企業が公表する情報として、主に以下の8項目を参考にしましょう。

配当性向……純利益のうち配当金の割合を示す指標
営業利益率……売上高に対して、売上原価など諸費用を差し引いた営業利益の割合
自己資本比率……全体の資本に対して返済不要の自己資本が占める割合

時価総額……1株当たりの株価に発行済み株式総数を乗じた金額
海外売上構成比……海外事業での売り上げの割合
EPS……1株あたりの純利益
PER……1株当たり純利益の何倍買われているかの指標。株価収益率
PBR……1株当たり純資産の何倍買われているかの指標。株価純資産倍率

詳しくは76ページ以降で解説します。これらの情報をもとに、長期間にわたって成長性が期待でき、高配当を維持し、増配が見込める株を探していきます。

まとめ
配当利回り以外の要素を確認して株を選ぶ

IR情報から企業の情報を探る

企業情報は企業のサイトで確認する

確認すべきふたつの資料

企業が公開している情報は企業サイトにあるIR情報から確認することができます。IRとは、「Investor Relations（インベスター・リレーションズ）」の略で、企業が株主や投資家に対して、企業のことを知ってもらうための活動のことです。

企業によってはさまざまな資料が公開されていますが、**重要なのは「決算短信」と「中期経営計画書」です。**

決算短信とは、企業の決算発表の内容、つまり経営状態や財務情報をまとめた書類です。決算短信は決算後、1～2か月後に公表されることが多く、日本の企業は3月決算の企業が多いため、4月下旬から5月にかけて公表されます。決算短信は、速達性を重視しているため、予想の部分も含まれていますが、投資を行う際の大きな参考資料のひとつとなります。確定値を確認したい場合は、決算から3か月以上先に公表される有価証券報告書を参考にします。

中期経営計画書は、3～5年程度の間の経営計画についてまとめられた情報です。利益目標や売上目標、配当金などについて3～5年先までの計画がわかるので、投資をする際の情報源となります。

このふたつを抑えておけば、76ページ以降で紹介する指標の情報を集めることができます。

まとめ

決算短信と中期経営計画書を確認する

配当性向で配当の割合を確認する

純利益のなかからどれくらいの配当を出しているのかを確認する

純利益の何%を配当にしているのかをチェック

高配当株を選ぶ際の指標のひとつに「配当性向」というものがあります。配当性向とは、純利益のうち、どれだけを配当金の支払いに向けたかを示す指標です。

配当性向（%）＝配当金支払総額／純利益×100

たとえば、配当性向が60%の場合は、純利益の60%を配当金として株主に配っていることになります。ちなみに、純利益とは、その企業がすべての支払いを済ませたあとの最終的な

配当性向は純利益のなかから払われる

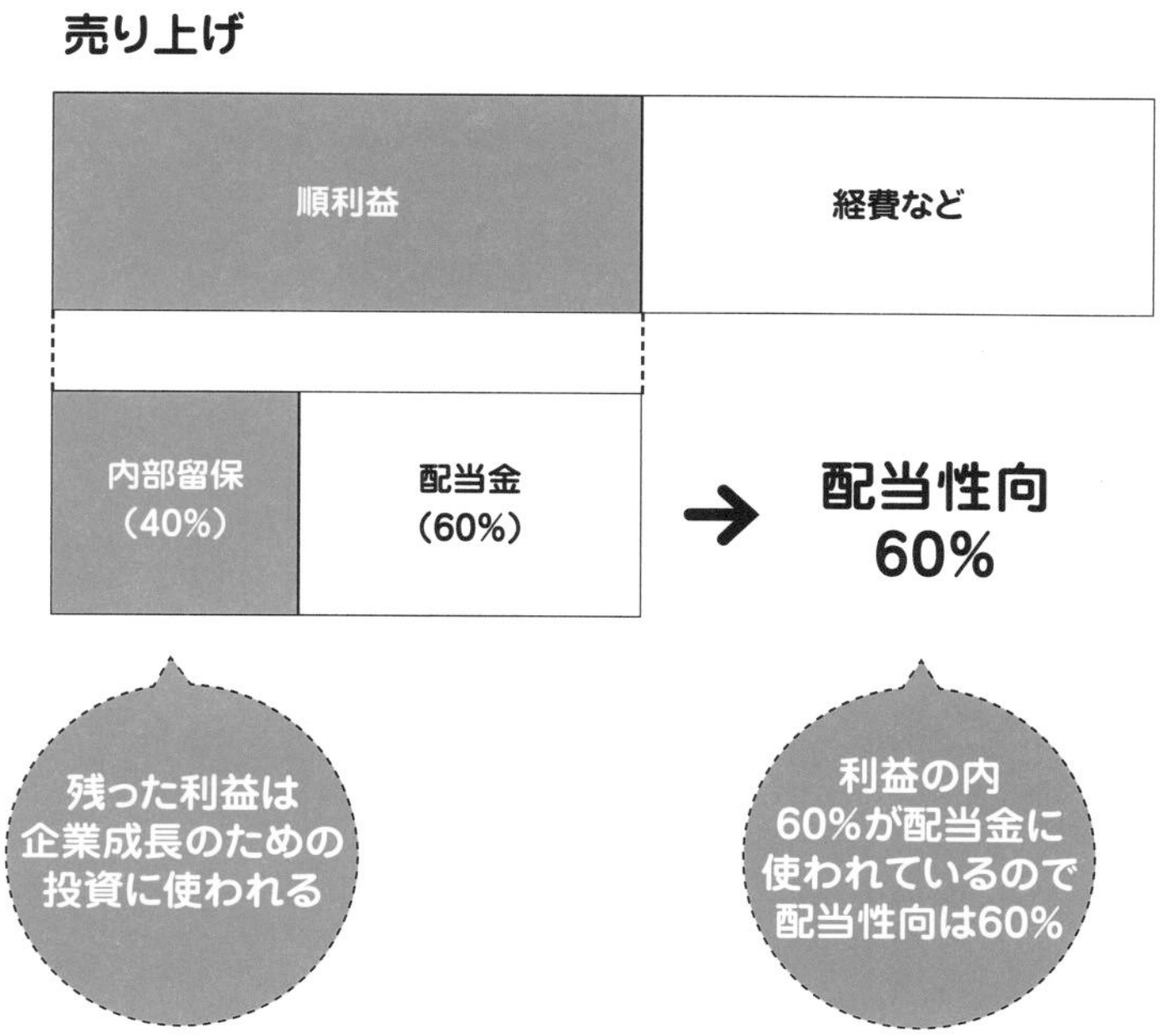
売り上げ
順利益
経費など
内部留保
（40%）
配当金
（60%）
配当性向
60%
残った利益は
企業成長のための
投資に使われる
利益の内
60%が配当金に
使われているので
配当性向は60%

配当性向は高いほど、株主還元意識が高いと判断できる一方で、配当性向が高すぎると企業成長が望めないため、ネガティブな材料になる。企業成長と株主還元のバランスを見ることが大事

利益を指します。

配当性向が高ければ、株主に対して多くの利益を還元していることになります。しかし、だからと言って**配当性向が高いほど良いのかというとそういうわけではありません。**企業の利益は、設備や研究開発などに投資することで、企業の成長を促します。そのため、株主にアピールするためだけに配当性向を高くしているような企業は、研究開発や人材確保にコストをかけられず、事業拡大の好機を逃しているかもしれません。

逆に、配当性向が低いからといって株主還元意識が低いとは限りません。企業が成長するには投資が必要であり、事業拡大のために投資を行えば、配当性向は低くなります。つまり、配当性向が低い企業は今後成長の余地があり、将来的に増配にも期待できるわけです。

配当性向が高い＝配当金が高いというわけではない

配当性向が高ければ、配当金も高くなるというわけでもありません。

たとえば、発行株数が同じA社とB社があったとします。A社は配当性向が30％で純利益が4000万円。B社は配当性向が50％で純利益が2000万円の場合、A社は配当金支払総額は1200万円ですが、B社の配当金支払総額は1000万円になります。発行株数が同じなので、同じ株数を持っていた場合、配当性向が低くてもA社のほうがもらえる配当金は大きくなります。

このように、配当性向はあくまで純利益のうちどれくらいを配当金として配っているのかの目安です。株主還元意識と自社成長のための投資のバランスを見るものと考えましょう。

私は、**株を選ぶ際は配当性向は70％以下を基準にしています。**例外もありますが、70％以下でかつ、配当利回りが4％以上あれば、企業の成長が見込めつつ、株主還元を十分に行っている企業と判断できます。

まとめ

配当性向70％以下だと配当金と自社への投資の割合が良い

連続増配や来季配当予測をチェック

連続増配している株が将来利益を生み出す

増配実績をチェックする

これまで、どのくらい増配してきたのかを見るのも高配当株を選ぶうえでの指標になります。長期間にわたって増配を続けている企業の利点はふたつあります。

ひとつめは、**「連続増配を行えるのは、安定的に業績を伸ばしている企業と考えられるため」**です。配当金を株主に還元するには、それだけの利益が必要です。増配を繰り返しているということは、それだけ業績を伸ばしているからだと考えることができます。

ふたつめは**「株主に積極的に利益を還元している企業と考えられるため」**です。増配は株主還元の意識が高いことを意味します。将来的に業績が伸びていけば、さらなる増配が期待できるという利点があります。

企業によっては、44ページで紹介した累進配当を宣言していたり、宣言していなくてもそれに準じる施策を実施しています。増配はせずとも、現在の配当金を維持する姿勢を見せている企業は、配当株投資を行ううえでは、とりあえず抑えておきたいといえます。

増配が繰り返されれば金のなる木に

連続増配する株を持つメリットは、増配が繰り返されれば、将来莫大な利益を生む可能性があることです。

たとえば、株価1000円のときに配当利回りが4％の株を購入したとします。20年後、配当金が5倍になっていれば、その株を持ち続けた場合、取得配当利回りは20％になる計算になります。株を持っているだけで購入した金額の20％がもらえると考えると魅力的に思えるのではないでしょうか。

そんな株があるのかと疑問に思う人もいるかもしれませんが、花王（4452）は33期連続で増配しており、1990年は7・2円だった配当金が2022年には148円にまで増配、約30年で約20倍にまで増配しています。ちなみに、33期連続増配というのは、国内企業の連続増配ランキングでは1位となっています。

このような株を持つことができれば、将来、まさに金のなる木へと変貌していきます。近年は増配を繰り返す企業も増えているため、こういった連続増配している企業は抑えておきたいところです。

また、配当性向の目標を公開している企業の場合は、業績が良くなればその分増配するので、業績が好調な企業であれば連続増配株になる可能性を秘めています。

まとめ

連続増配の実績がある株価は将来性が高い

花王の配当金推移

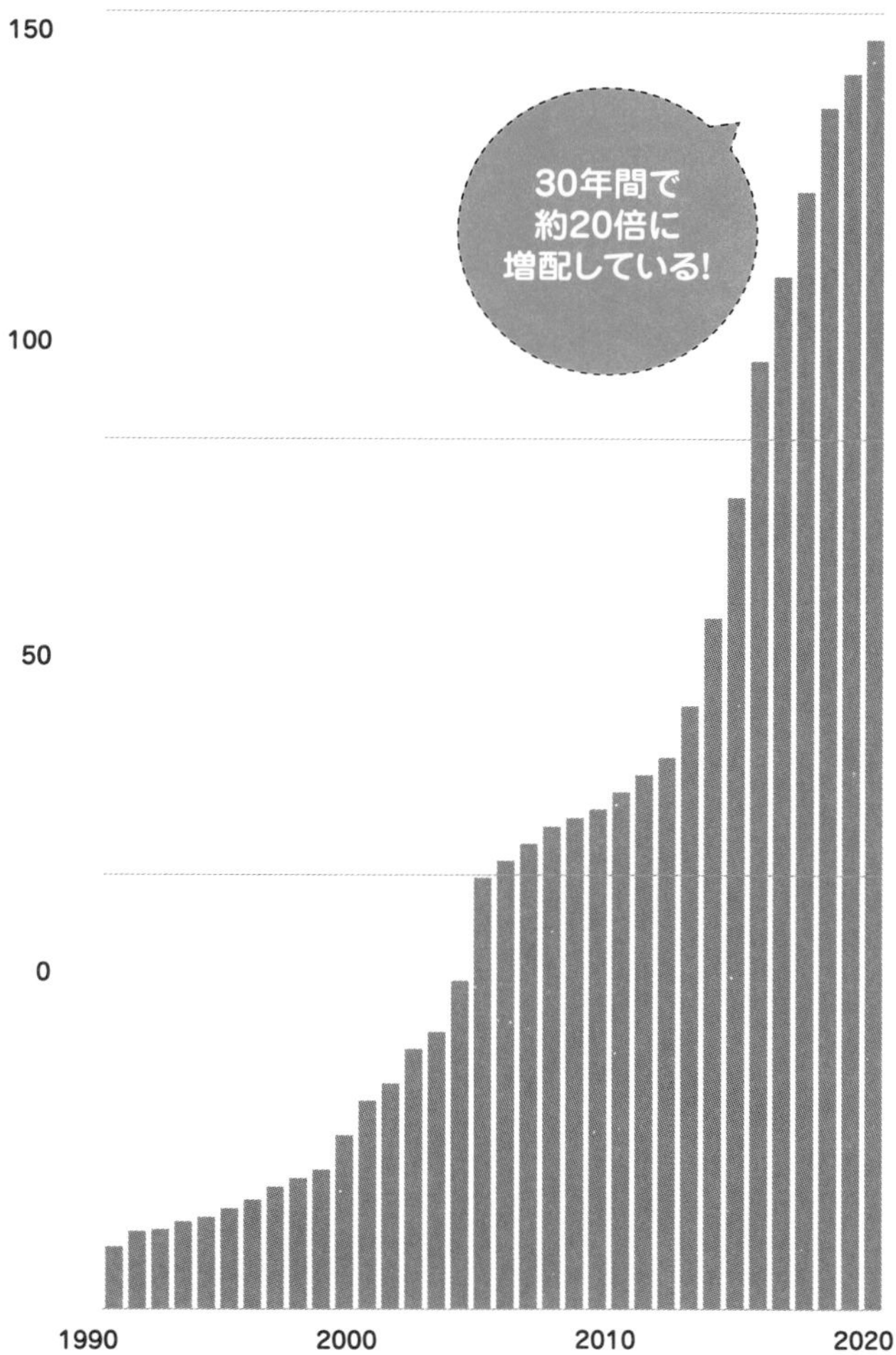

営業利益率で企業の利益効率を確認

増加傾向、もしくは横這いの企業を狙う

企業がどれくらい儲けているのかを計る指標のひとつ

企業の業績を確認するうえでまず確認したいのは「営業利益率」です。

営業利益とは、企業が行っている営業活動から得られた利益のことであり、具体的には、売上高から仕入費や販売費、人件費などを差し引き、手元に残った利益の金額を指します。

営業利益率は、売上に対して本業でどれくらいの利益が出ているのかを示した値で、以下の式で算出することができます。

営業利益率＝営業利益／売上高×１００

売り上げに対する営業利益の割合

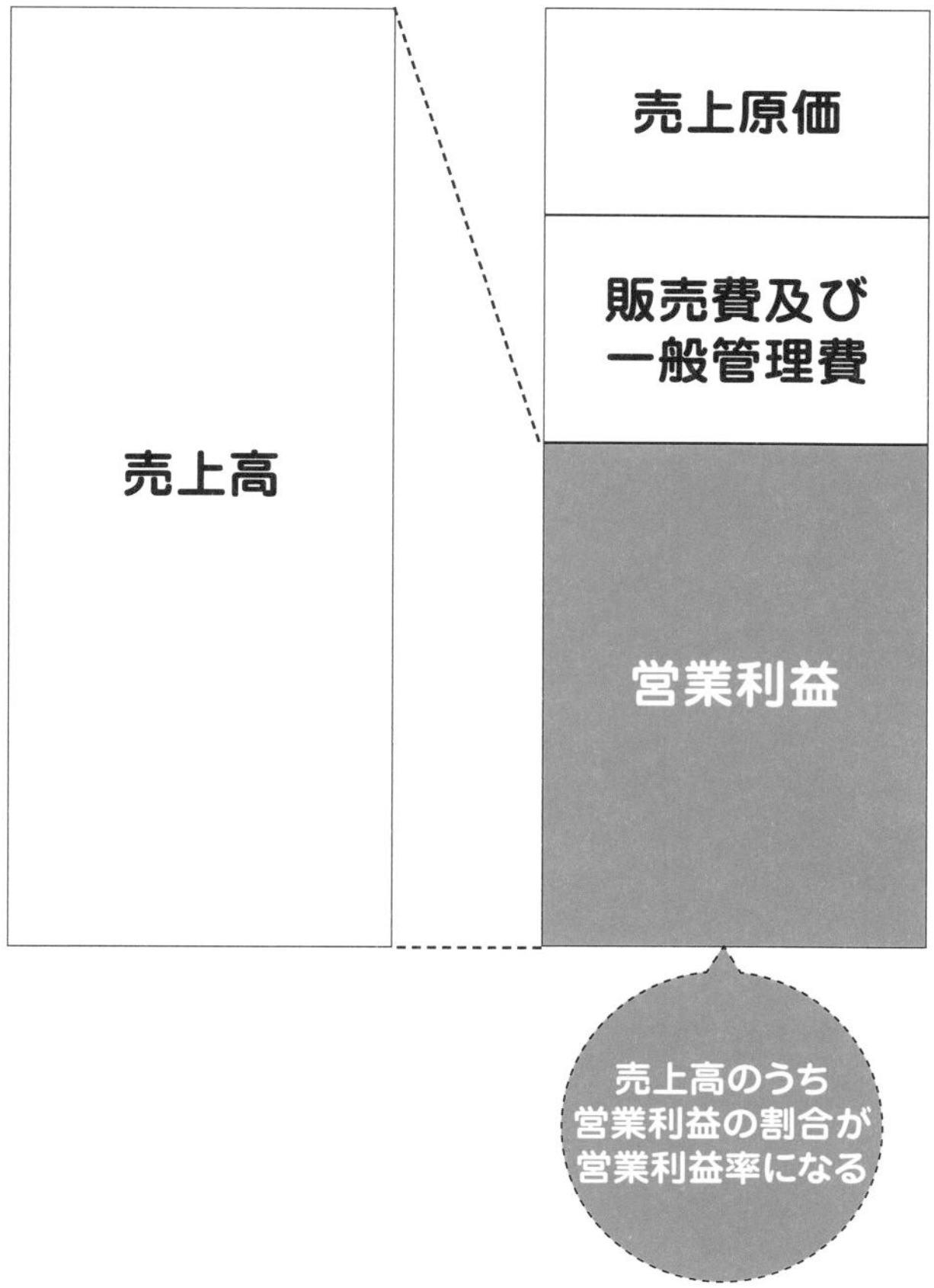

営業利益率は、売上高のうち利益がどのくらい残るかを示す指標ですので、その値が大きいほどたくさんの利益を出せているという意味になります。基本的には、数字が高いほど、効率よく稼げていることになり、数字が低いと利益効率が悪いということになります。

また、数値がマイナスを示している場合は、赤字を出している状態で、売り上げが少なすぎるか、人件費や原価がかかりすぎているなどが考えられます。

営業利益率の適正値は業種によって異なりますが大体5％以下が一般的で、5～10％以上が優良企業とされています。

営業利益率の推移の仕方が大事

営業利益率は数字そのものよりもどのように推移しているのかが重要です。つまり、

増加傾向、もしくは横ばいの企業を探していきます。

前提として、現在高配当であることが条件なので、営業利益率が今の状態を維持できているのであれば、今後も高配当を受け続けられる可能性が高いといえます。

また、増加傾向であれば、利益が増えているということなので、増配も期待できます。配当株投資で狙う株として優良だといえます。

逆に営業利益率が高くても、減少傾向にある場合は、今後業績が悪くなるにともない減配する可能性が考えられます。

まとめ

営業利益率が増加していると増配が期待できる

自己資本比率は50％以上が優良企業

自己資本比率が高いほど健在な財務の企業と判断する

総資本における自己資本の割合を確認する

総資本における自己資本の割合のことを「自己資本比率」と呼びます。

自己資本比率は企業の財務安全性を分析する指標として用いられ、一般的には自己資本比率が高い企業のほうが財務健全性が高いとされます。自己資本比率は以下の計算式で算出されます。

自己資本比率＝自己資本／総資本×100

自己資本率とは純資産の割合

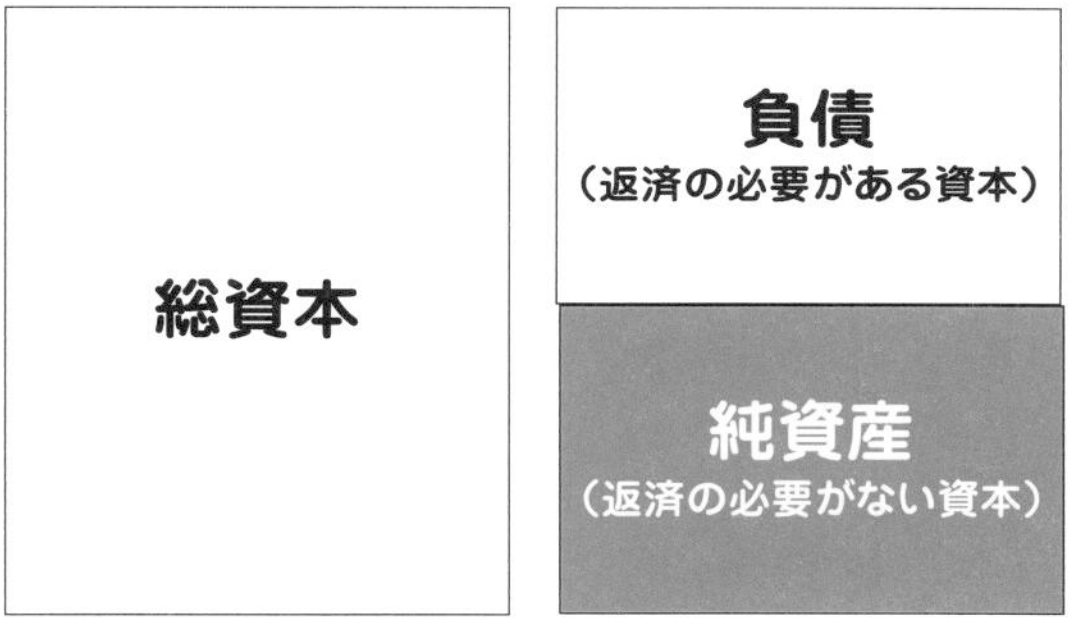

自己資本は企業の純資産であり、株主の出資金とその他の純利益で構成されています。総資本は企業の資金全体であり、自己資本と負債（借入金や債務など）を合わせたものです。

自己資本比率の数値が高いほど、企業は負債に依存することなく自己資本を活用していることを示し、財務的に安定していると言えます。一方で、自己資本比率が低い場合、企業が大きな負債を抱えている可能性があります。

ただし、成長段階の企業や大きなプロジェクトを動かしているときは一時的に比率が低くなることも考えられます。

自己資本比率が、あまりにも低い場合には借入が多く、返済や金利の負担も多いために企業の利益を圧迫するリスクが予想できます。

自己資本比率は50％以上が最適

業種によって平均値は異なりますが、30％〜40％程度が一般的で、50％以上が優良企業だとされています。

私が株を探すときは**自己資本比率は50％以上を目安にしています。**財務健全性が十分と判断できるのはもちろんのことですが、自己資本比率が50％以上で、高配当であれば業績が安定しており、今後も減配の可能性が減るためです。

まとめ

自己資本比率で財務状況の健全性を確認しよう

業種別自己資本比率の平均

業種	平均自己資本率
建設業	39.50%
製造業	45.60%
情報通信業	58.60%
運輸業、郵便業	36.30%
卸売業	38.30%
小売業	36.70%
不動産業、物品賃借業	32.70%
宿泊業・飲食サービス業	14.40%
サービス業	44.90%

出所:平成30年中小企業実態基本調査

各業種の
平均値を
把握しておこう

時価総額が大きい企業ほど価値が高い

時価総額から企業の規模感や価値を評価する

会社の規模をはかる

ニュースなどで「この企業の時価総額は〇億円～」といったことを聞いたことはないでしょうか。「時価総額」とは、企業の価値や規模を評価する重要な指標のひとつで、以下の計算式で計算されます。

時価総額＝株価×発行株数

発行株数は企業が新しく株式を発行したり、株式分割をしない限りは変動しません。

時価総額ランキング

業種	時価総額
トヨタ自動車	39,596,475百万円
ソニーグループ	15,820,271百万円
日本電信電話	14,841,197百万円
キーエンス	14,684,880百万円
三菱UFJFG	14,229,268百万円
ファーストリテイリング	10,978,623百万円
三菱商事	10,305,394百万円
ソフトバンクグループ	10,067,997百万円
オリエンタルランド	9,708,709百万円
東京エレクトロン	9,637,815百万円
KDDI	9,634,548百万円
信越化学工業	9,274,531百万円
伊藤忠商事	9,113,115百万円
三井物産	8,770,322百万円
日立製作所	8,630,882百万円
三井住友フィナンシャルグループ	8,625,725百万円
第一三共	8,572,791百万円
ホンダ	8,464,805百万円
任天堂	8,110,319百万円
リクルートホールディングス	7,982,884百万円

2023年8月10日時点

そのため、基本的には株価の変動により時価総額が変動します。

時価総額は企業の市場評価を示すため、異なる企業の規模を比較する際に用いられます。時価総額が大きい企業ほど、その企業が市場での価値や影響力を持っていることを意味します。また、時価総額には企業の成長性や収益力など「稼ぐ力」が反映されています。つまり、時価総額が高いほど業績が安定していて配当や優待が期待できます。

また、時価総額が高い企業は流動性が高く、取引がしやすい傾向にあります。流動性とは市場に出回る株数の多さのことを指し、流動性が高いと買いたい時に買えて、売りたい時に売ることができます。また、時価総額が高い企業は、新聞やテレビなどのニュースで取り上げられやすく投資判断の情報が多いのも魅力です。

時価総額500億円以上が目安

私は、**株を探すときは時価総額が500億円以上を目安にしています。**時価総額500億円以上ある企業は成熟した大規模な企業を指します。業績が安定していることが多く、急な減配のリスクを抑えることができます。

また、時価総額が大きい企業は、複数の事業を手がけていることが多く、ひとつの事業がうまく行かなかったときでもほかの事業でカバーすることができます。そういった意味でもリスクが低いと言えます。むしろ、手がける事業が多い分、安定した成長を見込むことができます。

さらに、強固な財務基盤を持っていることが多いので、世界的な不況などの経済的なショックが発生してしまったとしても、一時的に業績が落ちることはあっても、その後復活する期待ができます。

このように、リスクを抑え、安定した配当金を狙う意味で時価総額５００億円以上の企業をオススメしています。

まとめ
時価総額が大きいと減配のリスクを抑えられる

大型株のほうが安心感がある

大型株はつぶれにくく、安定感が高い

日本を代表する大型株は安心感がある

時価総額が高い株のなかでも「大型株」はより安心感があります。大型株は、株式市場において、企業の市場価値が大きい、つまり株式の時価総額が大きい株式を指します。東京証券取引所では、TOPIX（東証株価指数）を補完する「規模別株価指数」の算出において、TOPIX構成銘柄の中から、時価総額と流動性が高い上位100銘柄を大型株と定義しています。

大型株の多くは日本を代表する企業で、業績やビジネスモデルが安定している傾向があります。資金力もあるため、業績が悪化したとしても立て直す力も強く、倒産リスクが低いと

主な大型株一覧

銘柄コード	企業名	銘柄コード	企業名
1925	大和ハウス工業	6954	ファナック
1928	積水ハウス	6971	京セラ
2413	エムスリー	6981	村田製作所
2502	アサヒグループホールディングス	7011	三菱重工業
2503	キリンホールディングス	7201	日産自動車
2802	味の素	7203	トヨタ自動車
2914	日本たばこ産業	7267	本田技研工業
3382	セブン&アイ・ホールディングス	7269	スズキ
3402	東レ	7270	SUBARU
3407	旭化成	7309	シマノ
4063	信越化学工業	7733	オリンパス
4188	三菱ケミカルホールディングス	7741	HOYA
4452	花王	7751	キヤノン
4502	武田薬品工業	7832	バンダイナムコホールディングス
4503	アステラス製薬	7974	任天堂
4507	塩野義製薬	8001	伊藤忠商事

いえます。そのため、配当利回りが高い大型株は長期保有に適した銘柄といえます。

景気が悪くなると大幅下落することもある

大型株は発行済株式数が多いことから、売買が活発であり値動きが比較的穏やかなことが特徴です。その一方で、事業規模が大きいため、景気に左右されやすいという一面があります。とくにリーマンショックやコロナショックといった、市場全体に影響が出る事態が発生したときは大きく下落する傾向があります。

大型株は世界中のいろいろな投資家が買っているため、市場全体を揺るがす事態が発生したときに売られやすい傾向があります。特に機関投資家やプロの投資家が大量に売ってしまうと株価が下がり、それを見た個人投資家が慌てて損切りをした結果、下落のスピードが加速することもあります。

とはいえ、株価が下落したとしても企業の力が弱くなったわけではありません。業績自体に大きな影響がなければ配当金は継続して配られますし、時間がたてば再び株を買う人が増え株価も戻ります。仮に業績が下がってしまったとしても、前述したように立て直す力があるので、周りに流されて慌てて株を売らずに、じっと我慢をすることが大切です。

一時的な下落によるダメージは少ない

配当株投資は基本的に株を持ち続けることを重視しています。そのため、一時的な下落によるダメージはありません。株価が下がったからと言って慌てるのではなく、なぜ下がったのかをよく確認しましょう。

大型株の業績が大きく落ちることはそうそうありません。一時的に悪くなったとしてもすぐに良くなることが多いので、しっかりと企業のIR情報を確認して企業の状況を把握しておきましょう。

まとめ
高配当の大型株は長期保有に適している

EPSで企業の稼ぐ力を探る

企業の力を見るためにチェック

企業がどのくらい稼げるのかを確認する

企業がどれくらい稼いでいるのかを示す指標として「EPS」というものがあります。EPSとは、1株あたりの純利益を示す指標であり、計算式は以下の通りです。

EPS＝当期純利益／発行済株式総数

たとえば、株価1000円の企業が1株あたり100円稼いでいれば、株式が生み出すリターンは10％になり、50円稼いでいる場合のリターンは5％になります。

ＥＰＳは営業利益率と同様に、数字を維持していたり増加傾向にあることが重要です。ＥＰＳが数値が上がるということは企業の稼ぐ力が強くなっていることを意味します。ＥＰＳの増加速度が早いほど、企業の稼ぐ力のスピードも加速していることになります。ＥＰＳの成長率は以下のように計算することができます。

ＥＰＳ成長率（％）＝（当期ＥＰＳ－前期ＥＰＳ）／前期ＥＰＳ×１００

また、ＥＰＳは同じ業種内の企業と比較することで、収益性や競争力を比較することができます。同じ業種でも、ＥＰＳが高い企業ほど収益性が高い優秀な企業といえます。

まとめ

ＥＰＳが増加傾向にある企業は成長が期待できる

PERから割高・割安を確認する

株価とEPSを比較して株の割安感をはかる

数値が低いほど割安と判断する

株の実力を計る指標のひとつに「PER（株価収益率）」というものがあります。株価がEPSの何倍まで買われているかを見る指標です。現在の株価が企業の利益に対して割高か割安かを判断する目安として利用されます。PERの数値が低いほうが株価は割安と判断され、高いほど割高と判断されます。PERは、以下の計算式で算出します。

PER＝株価／EPS（1株当たり利益）

PERは株価で変動する

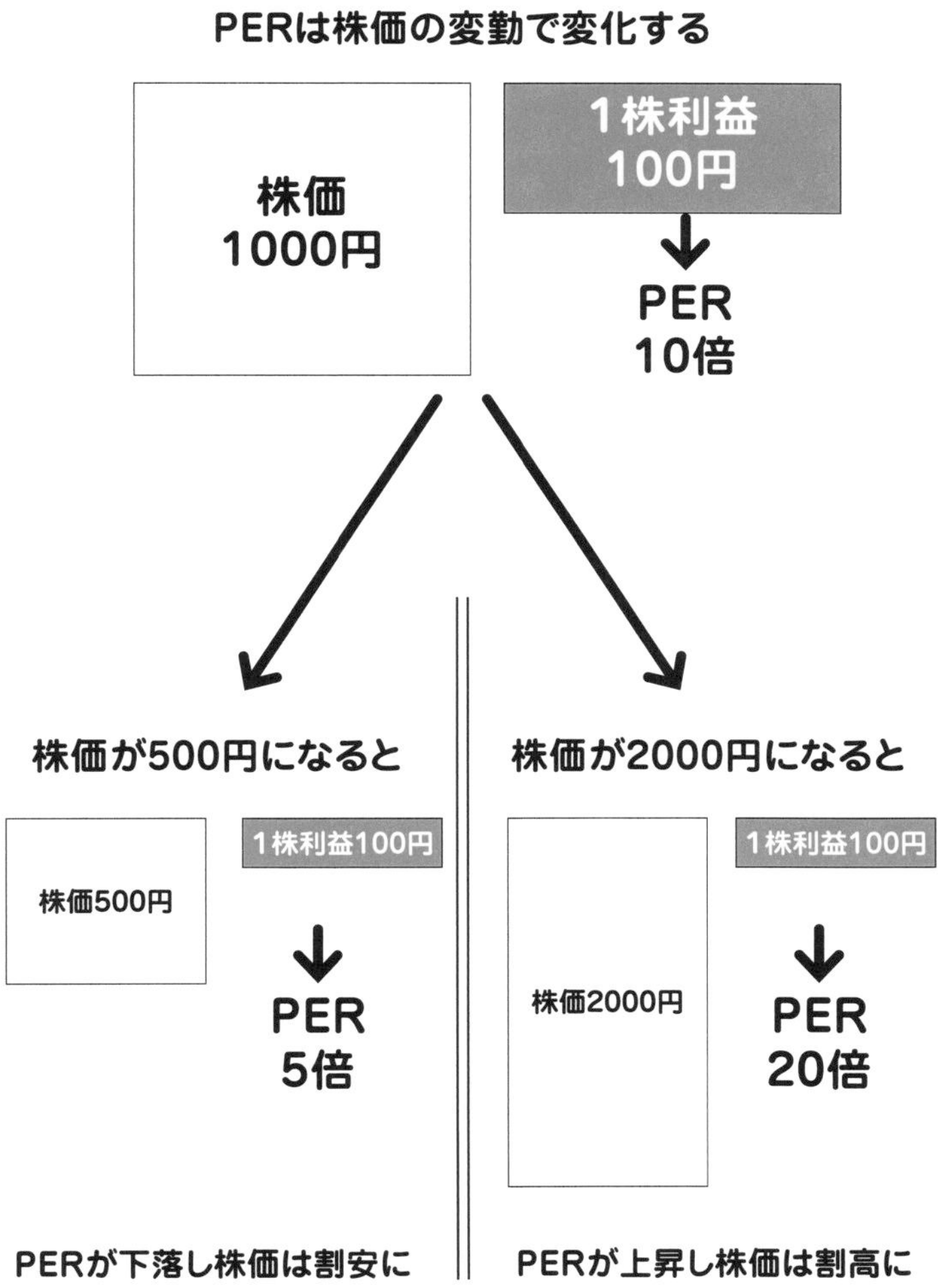

ＰＥＲが低い場合、株価がＥＰＳに対して低い倍率で取引されていることを示します。これは、株価が割安とみなされる可能性があることを示します。逆に、ＰＥＲが高い場合は、株価がＥＰＳに対して高い倍率で取引されており、株価が割高とされる可能性があることを示します。

ＰＥＲは業種によって平均値が異なる

ＰＥＲは業種によって平均値が大きく異なります。そのため、**ＰＥＲを見る場合は、同じ業種のＰＥＲの平均値を確認し、その数値と比較するといいでしょう。**また、同じ業種で複数欲しい株がありどちらか片方しか買えない場合は、ＰＥＲを比較して割安の銘柄を選ぶのも有効です。

まとめ

ＰＥＲは同業種の平均から比較して割安かをチェックする

業種別平均PER

業種	平均PER	業種	平均PER
水産・農林業	11.5	精密機器	11.8
鉱業	4.1	その他製品	15.2
建設業	14.4	電気・ガス業	34.4
食料品	25.8	陸運業	15.7
繊維製品	20.4	海運業	1.9
パルプ・紙	29.5	空運業	24.6
化学	15.1	倉庫・運輸関連業	9.6
医薬品	21.3	情報・通信業	25.8
石油・石炭製品	5.9	卸売業	10.9
ゴム製品	12.3	小売業	23.5
ガラス・土石製品	17.6	銀行業	8.1
鉄鋼	7.6	証券、商品先物取引業	12.2
非鉄金属	12.5	保険業	22.8
金属製品	15.4	その他金融業	11.9
機械	16.6	不動産業	11.4
電気機器	20	サービス業	19.4
輸送用機器	16.8		

出所：東京証券取引所

PBRから資産価値と株価を比較する

株価と純資産を比較して割安感を計る指標

1倍以下は割安感がある

株価が1株あたりの純資産価値に対してどれだけの倍率で取引されているかを示す「PBR（株価純資産倍率）」は、株式の割安さ・割高さを判断する際に用いられる指標です。計算式は以下のようになります。

PBR＝株価／1株あたり純資産（純資産／発行済株式数）

企業には解散価値というものがあります。企業の借金をすべて返して残った資産などを売って現金化した金額のことで、ＰＢＲが1倍の場合は、株価が解散価値と同額ということを意味します。つまり、1倍未満なら株価が解散価値より安く、1倍以上なら株価が解散価値より高いということになります。

このため、ＰＢＲの目安となるのは1倍になります。基本的には、割安となる1倍以下の企業を選ぶことになります。

また、東京証券取引所は2023年4月にＰＢＲが1倍未満の企業に改善計画の開示を求める動きをしました。これを受けて、改善にむけて動き出しており、今後は低ＰＢＲ企業への期待も持てます。

まとめ

低ＰＢＲ企業は改善に向けて動き出し始めている

割高・割安を気にしすぎない

割高でもほかの条件がそろっていれば購入候補になる

割高だから買わないわけではない

PERやPBRでは、株価が割高か割安かを判断することができますが、あまりに気にしすぎる必要もありません。一応目安は設定していますが、割高だとしても、その企業が成長を続ければ、株価が上がり、配当金も増えるからです。

割高だからといって様子見をした結果、買い時を逃してしまうほうが精神的なダメージが大きくなります

この株が欲しいと思ったら多少割高でも買ってしまい、もし仮に株価が下がったとしてもそれをチャンスと考え、さらに買うという方法もあります（第4章参照）。

割高・割安はあくまで目安のひとつです。配当利回りや業績などほかの要因で稼げる株だと思ったら、神経質になりすぎなくてもよいのです。

特に高配当株の場合は、増配などのタイミングで株価が上がりやすくなり、配当金が下支えとなり株価が下がりにくい傾向があるので、もたもたしていると買い逃してしまうこともあります。

割高・割安は配当利回りや業績よりも優先順位は下として考え、高配当株が割安だったらラッキーと考えるくらいがちょうどいいかもしれません。

まとめ

割高でも業績や配当利回りが良ければ購入対象になる

海外で稼げている企業を狙う

日本だけでは稼ぎにくい時代になってきた

物価が安い日本では稼ぎにくい

近年、日本はインフレと言われていますが、それでも海外と比べると物価は安いといわれています。

モノの価値を比較する際によく使われる「ビッグマック指数」というものがあります。ビッグマック指数とは経済学上の指標のひとつであり、世界中で展開するマクドナルドが提供している「ビッグマック」の価格から各国の通貨の購買力を比較します。

2023年1月に発表されたビッグマック指数では、日本は41位という結果でした。日本では、ビッグマックの値上げがされていますが、円安の影響もあり、世界と比較すると物価が安

2023年1月のビッグマック指数（円ベース）

順位	国名	価格	順位	国名	価格
1位	スイス	944	11位	スリランカ	649
2位	ウルグアイ	891	12位	コスタリカ	646
3位	ノルウェー	731	13位	アラブ首長国連邦	638
4位	スエーデン	704	14位	ニュージーランド	638
5位	デンマーク	697	15位	チリ	617
6位	アメリカ	690	16位	クエート	597
7位	アルジェリア	690	17位	カナダ	595
8位	オーストラリア	665	18位	チェコ共和国	587
9位	サウジアラビア	658	19位	バーレーン	587
10位	イスラエル	658	41位	日本	410

日本の順位は
調査対象国
56カ国中の41位

いといえます。

物価が安いということは、同じモノやサービスを売っていても稼ぎにくいということになります。たとえば、日本で100円で売っているモノがアメリカでは180円で売れたとします。アメリカで1万個売るのと同じ売り上げを日本で目指すと1万8000個売る必要があるわけです。

また、海外展開をしている企業は日本だけで展開する企業に比べ、新たな顧客や事業を得ることができるので、売り上げ増加が期待できます。

海外売上構成比に注目して株を選ぶ

このような背景から、「海外売上構成比」で日本以外でも稼げる企業を狙ったほうが無難といえます。目安としては、**海外売上構成比が20％以上あり、増加を続けている企業です。**

ただし、業種によっては、海外売上構成比を重視しない場合もあります。

たとえば、地方銀行株は、その代表例です。地方銀行は、株主還元の意識が強く配当利回りが高い傾向にあります。

業界全体の業績はあまりよくないものの、再編はあっても、つぶれる可能性は低く、再編や吸収合併によって財務内容が改善されれば、業績の回復が見込めます。

配当利回りが高く、株主優待を実施している銀行も多いので、時間を味方につけてジッと待てば、長期的には元がとれる可能性が高いといえます。また、うまくいけば業界再編によって、増配や株価の上昇が見込めます。

このように、業種によっては、海外売上構成比が低くても、十分な利益が見込める企業もあるので、その業種の特色もよく確認しておきましょう。

まとめ

海外でも活躍する企業に注目しよう

ストック型ビジネスを見つける

ストック型ビジネスは安定成長が期待できる

ストック型ビジネスの高配当株を探す

近年、継続的に収益を蓄積できる「ストック型ビジネス」が、不況下でも安定収益を得やすいビジネスモデルとして注目を集めています。

ストック型ビジネスとは、一度契約したらその契約が終わるまで継続して対価が得られるビジネスモデルです。みなさんの身近なものだと、映像や音楽を配信するサブスクリプションもストック型ビジネスのひとつといえます。

一度売ったらそれっきりのフロー型ビジネスと異なり、先にお金が入ってきて、その後に商品やサービスを提供するため、資金繰りに困りにくく安定しています。

主なストック型ビジネス

業種	事業内容
保険業	保険に一度加入すると、解約されない限り保険料による収入を継続して得られます。生命保険の世帯加入率は「生命保険に関する全国実態調査」によると約9割という調査結果があり、業界全体の収益は安定していると考えられます。
不動産業	賃貸や売却などを通じて収益を得るビジネスです。物件を所有・管理することで、需要に応じて売買や賃貸を行います。住宅や事務所など需要が高いものが多いので収益も安定する傾向があります。
リース業	コピー機やパソコンなどをリースし、その対価として継続的にリース料を受け取ります。企業を相手にすることが多いため、企業数が大幅減しないかぎり一定の需要が見込める業種です。
インフラ業	電力会社やガス供給会社は、電力やガスなどのエネルギー資源を供給し、需要がある場合に提供するビジネスモデルです。エネルギーは生活するうえで必要不可欠なので、大きく減収する心配がありません。

ストック型ビジネスの最大のメリットは、その安定性です。一度新規顧客を獲得すれば、退会や解約がない限り、一定の売上が確保できます。時間経過とともに資産を蓄積でき、長期的な経営の見通しが立てやすくなります。

ストック型ビジネスにはいろいろな種類があり、水道、鉄道というようなインフラ事業、不動産賃貸業、大手メーカーの保守、自動車の車検業、プロバイダ事業、リース事業などさまざまな種類があります。

なかでも注目したいのがリース株です。リース株は連続増配している企業が多く、配当株投資に適しています。オリックスや三菱HCキャピタルなどは時価総額が高く、安定した配当が魅力的といえます。顧客をしっかりと確保しているので、業績も安定しており、海外進出や事業の多角化を目指す企業も多いので、注目したい業種といえます。

まとめ

ストック型ビジネスは長期的な経営の見通しが立てやすい

連続増配しているリース株

証券コード	企業名	連続増配数
8424	芙蓉総合リース	19期連続
8425	みずほリース	17期連続
8439	東京センチュリー	16期連続
8566	リコーリース	24期連続
8591	オリックス	10期連続
8593	三菱HCキャピタル	24期連続

リース企業は
配当株投資向けの
企業が多い

隠されたお宝銘柄を探そうとしない

隠されたお宝銘柄はほとんど存在しない

普通に探して優良銘柄に投資する

株式投資の情報を集めている人の中には「隠されたお宝銘柄を探すぞ！」と意気込む人もいるかもしれません。しかし、隠されたお宝銘柄というのはほとんど存在しません。冷静になって考えればわかることですが、配当利回りが高く、業績も良く、時価総額が高い企業がだれにも見つかっていないわけがありません。仮にそんな株があったとしても、だれにも話題にされていない時点で、なにかしらのネガティブな材料があるのかもしれません。隠されたお宝銘柄を探すのではなく、みんなが良いと言っている銘柄に投資したほうが安全に稼ぐことができます。

配当株投資の場合は、株価の上がり下がりは関係ないので、余計に隠された銘柄を探す必要はありません。もちろん、株価が低いとき（配当利回りが高い）に買えるのが一番良いですが、長期保有している間にそういった機会はいくらでもあります。

私自身、配当株投資として銘柄を探すときは特殊なことはせず、スクリーニングでこれまで説明した条件を設定して検索して探します。特殊なことは一切していないので、その気になればだれにでもできます。

長く付き合っていけるほど信用できる高配当株を探し、投資していくのが配当株投資です。

まとめ

隠されたお宝銘柄ではなく注目を集めている銘柄を探す

新型コロナ時の業績は重視しない

市場に大きな影響を与えた外部的要因による業績悪化は気にしない

新型コロナウイルス流行の影響はあまり気にしない

高配当株を探すとき、過去の業績や配当利回りをチェックするのは大切なことですが、2019年～2022年にかけての新型コロナウイルス流行による業績悪化はあまり重視しなくて構いません。

この時期はイレギュラーな時期であり、業績が下がったり減配してしまっても仕方がありません。もちろんこの時期に業績を上げている企業は優秀といえますが、業績が下がったり、減配しているからといって配当株投資に適していない銘柄かというとそんなことはありません。

帝国データバンクの調査によると2020年度決算の企業業績は、全産業（金融・保険を

コロナ時の日経平均の動き

日経平均株価の動き

新型コロナウイルス流行などのような世界中に影響を与える事件が発生したときは、その企業の実力に関係なく業績が悪くなってしまうことがあるので、業績が下がったり減配していてもあまり重視しません。

除く）約10万7000社のうち、減収となった企業が58・3%を占めています。

このような状況下のデータを参考にしてもあまり意味がないので、コロナ時期より前の業績や配当利回りの推移をチェックするようにしましょう。

過去の動きを知るにはIRBANKが便利

過去の業績や配当利回りを調べる際はIRBANKを利用すると便利です。配当利回りや配当性向、時価総額などさまざまな過去のデータが一覧で表示されるので一目でどのように推移しているのかを判断できます。

配当株投資において、情報収集は大切です。こういったサイトを積極的に使い企業情報を集めていきましょう。

まとめ

過去の業績を見るときは何が起きていたのかも確認しよう

IRBANKで情報収集しよう

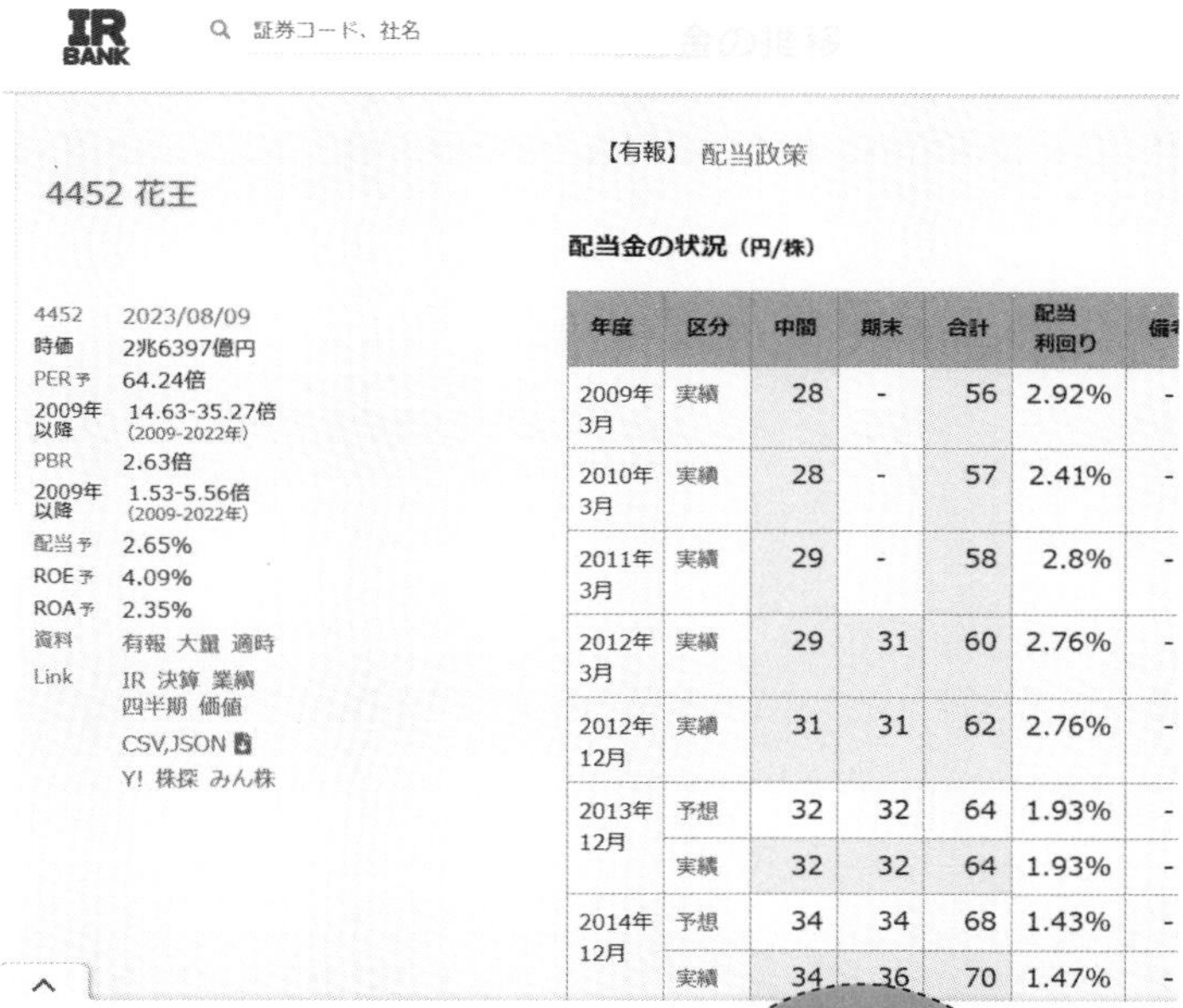
IR BANK　証券コード、社名

【有報】 配当政策

4452 花王

4452	2023/08/09
時価	2兆6397億円
PER予	64.24倍
2009年以降	14.63-35.27倍 (2009-2022年)
PBR	2.63倍
2009年以降	1.53-5.56倍 (2009-2022年)
配当予	2.65%
ROE予	4.09%
ROA予	2.35%
資料	有報 大量 適時
Link	IR 決算 業績 四半期 価値 CSV,JSON Y! 株探 みん株

配当金の状況（円/株）

年度	区分	中間	期末	合計	配当利回り	備
2009年3月	実績	28	-	56	2.92%	-
2010年3月	実績	28	-	57	2.41%	-
2011年3月	実績	29	-	58	2.8%	-
2012年3月	実績	29	31	60	2.76%	-
2012年12月	実績	31	31	62	2.76%	-
2013年12月	予想	32	32	64	1.93%	-
	実績	32	32	64	1.93%	-
2014年12月	予想	34	34	68	1.43%	-
	実績	34	36	70	1.47%	-

https://irbank.net/

さまざまな
情報を確認
できるので便利

株主優待もチェックしておこう

配当金とは別の株主還元策

配当金だけでなく株主優待もチェック

株を選ぶときは配当金だけでなく、株主優待もチェックしておきましょう。株主優待とは、持ち株数や保有期間に応じて企業からもらえる特典のことです。

もらえるものは、自社製品やクオカード、割引券などさまざまなものがあります。配当金＋株主優待で考えると利回りが5％を超えることもあるので、株を選ぶ際の目安になります。

ただし、注意してほしいのは**株主優待が豪華だからという理由だけでは、選ばないことです。**これは、66ページで紹介した配当利回りが高いだけの企業を選ばない理由と同じです。業績があまりよくないのに、株主優待だけが豪華な企業は長続きしませんし、そのうち廃止してしまう可能性もあります。

配当利回りと同様に、必ず企業の経営状況をチェックして選ぶようにしましょう

株主優待が減ってきている

近年は株主優待を取りやめている企業も増えています。理由はふたつあり、ひとつは株主が増えたことで配送コストが高くつくようになってしまったためです。

もうひとつは海外株主と国内株主に平等に利益還元するために、株主優待を取りやめ、配当金に力を入れる企業が増えているためです。

この場合は、株主優待がなくなっても、配当金として受け取れるためトータルではプラスになると考えていいでしょう。

まとめ

配当金＋株主優待で考えるときは企業の経営状況も確認する

配当金コラム.3

「高配当株」を探すときはスクリーニングが便利

指標からお目当ての株を探す

何もない状態で数千種類ある株のなかからいきなり高配当株を探すのは難しいでしょう。

そんなときに便利なのがスクリーニングです。スクリーニングとは、業績や株価、PER、PBR などといった各指標の条件を設定するとそれに合った銘柄を探し出す機能のことです。たとえば、PBR 1倍以下と設定すれば、PBR が1倍以下の銘柄だけが表示されます。証券会社で提供するサービスのひとつで、自分の投資スタンスにあった銘柄を簡単に探すことができます。

株を探すときは、まずはスクリーニングで株を選別し、そこから過去の業績や配当金の推移などを確認して、投資する株を選んでいくといいでしょう。

第4章

効率的にお金を増やす高配当株の買い方

株を買うときにどのように買えばいいのか迷う人もいるでしょう。また、配当株投資では、長期間にわたって株を買い増して資産形成をしていきます。どのような考えで株を購入していくのかを説明します。

株コレクターになって株を買う

株価の動きで買うかどうかを判断しない

株を買うタイミングは欲しいと思った瞬間

株を買おうとしたとき、株価が気になる人は多いでしょう。今は株価が高いから安くなるまで様子を見ようとして、結局買うタイミングを逃してしまったという経験がある人もいるのではないでしょうか。

配当株投資では株価の動きはあまり気にする必要はありません。株の売買で利益を得るのではなく、配当金を受け取ることが目的なので、株を買ったあとに株価が上がったり下がったりしても、もらえる配当金が変わるわけではありません。むしろ、株価を気にして買わずに時間だけが過ぎていくと機会損失になってしまいます。

そもそも、配当株投資では基本的に「売る」ことを考えなくてよいのです。**株数を増やして配当金を増やす事が目的なので、この株が欲しいと思ったらその瞬間に買うくらいの気持ちが必要です。**

株をコレクションする気持ちで集める

みなさんは、服でも食べ物でもなんでもいいので、何かを買うときに値段を気にせず購入した経験はないでしょうか。その経験があるならその気持ちを株に対しても持てると株を買うときの躊躇がなくなるかもしれません。

私は、自分のことを「株コレクター」だと思っています。コレクターと呼ばれる人は欲しいグッズが目の前で売っていれば値段を気にせず買います。手元にグッズがあれば満足なので、そのグッズの価格が変動してもあまり気にしません。

また、株を売買するのではなく、**集めることを目的とすると株を買うときの気持ちが変わってくるかもしれません。**

私自身も、欲しいと思った株を購入していった結果。保有銘柄は300種類を超えるほどになりましたが、まだまだ増やそうと思っています。

株価はどう動くのかは誰にもわからないので予想する意味がない

株が欲しい瞬間に買うといってもなかなか踏ん切りがつかない人もいるでしょう。しかし、**株価がこのあと上がるのか下がるのかは誰にもわかりません。**調子よく上昇していた銘柄でも急に下落することもあれば逆のパターンもあります。

左ページは日経平均株価の推移ですが、点線部分から右側を隠したときその後どう動くのかを完璧に答えられる人はいないでしょう。株価を予想するだけムダなので、とりあえず買ってしまうという思い切りも必要なのです。

まとめ

株を買うときは株価を気にせず思い切りが必要

日経平均株価の動き

**右半分を隠したとき
だれも今後の動きを予想することはできません**

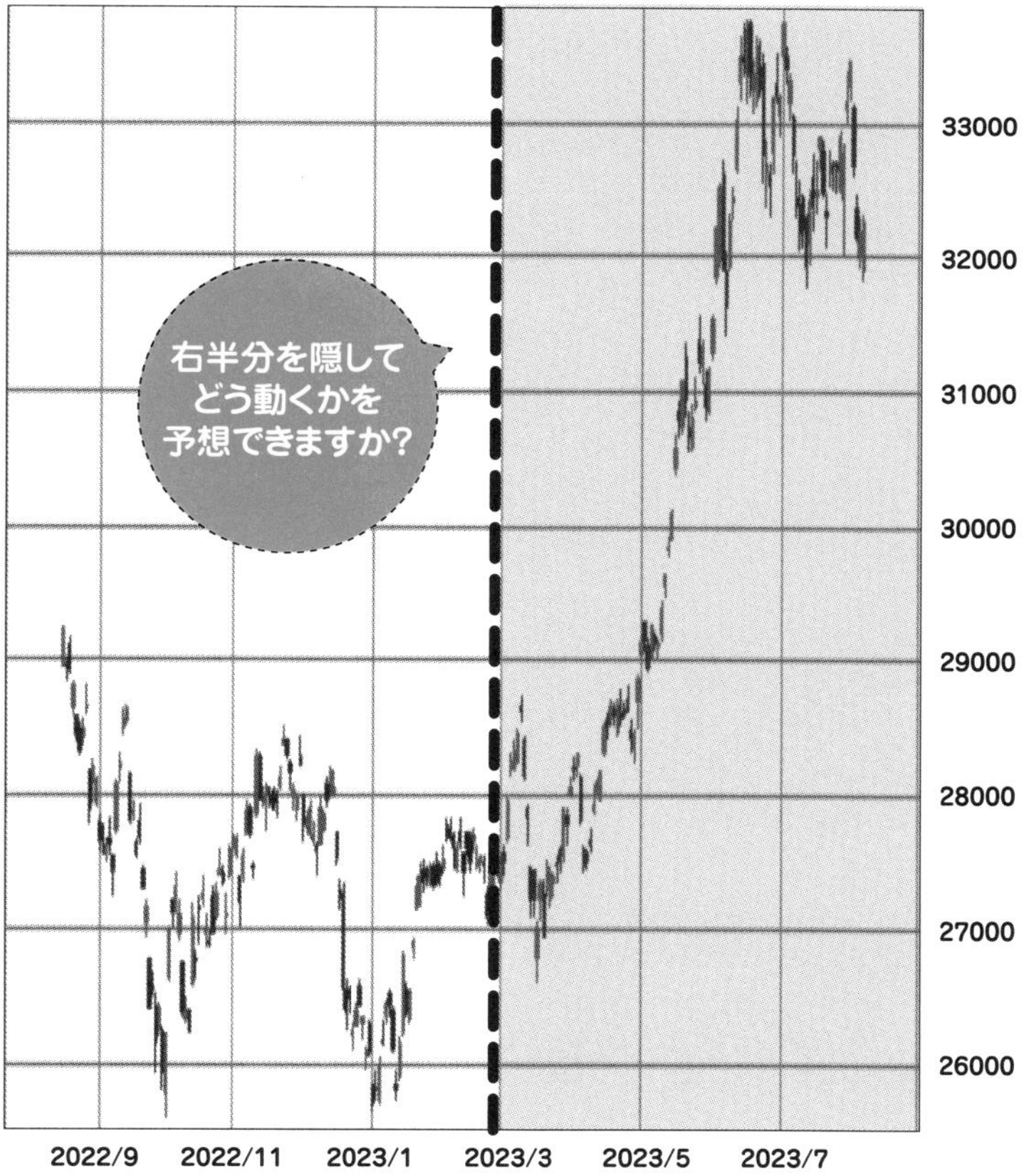

単元未満株で手軽に始める

単元未満株ならワンコインで購入できる

1株から始めることができる単元未満株

株は基本的には1単元（100株）単位で売買されています。そのため、株を買うには数万円～数十万円必要になります。しかし、証券会社によっては**単元未満株（1株）で買うことができるサービスを提供していることがあります。**

代表的なところではSBI証券のS株やマネックス証券のワン株などがあります。単元未満株なら株を買うために必要な資金は数百円なので、だれでも手軽に始めることができます。配当金は1株持っていれば受け取れるので、1株配当が20円の銘柄なら、1株持っていれば20円が配当金として振りこまれます。

単元未満株を取り扱うおもな証券会社

企業名	買い手数料	売り手数料	最低手数料
SBI証券（S株）	無料	055%	55円
楽天証券（かぶミニ）	11円※1	11円※1	11円
大和コネクト証券（ひな株）	0.5%	0.5%	なし
SMBC日興証券（キンカブ）	無料※2	0.5%※2	なし
マネックス証券（ワン株）	無料	0.55%	52円
auカブコム（プチ株）	0.55%	0.55%	52円
岡三オンライン	220円〜	220円〜	220円
野村證券（まめ株）	1.1%	1.1%	550円

※1　手数料とは別に0.22%のスプレッドがかかる
※2　注文金額100万円超なら買付時・売却時ともに1%になる

また、**単元未満株でも株主優待がもらえる場合があります。**企業のなかには1株持っていれば株主優待の条件を満たすところもあります。たとえばSBIホールディングス（8473）は1株持っていれば、SBIアラプロモが販売するサプリメントや化粧品などを通常価格の半額で購入できる申込券を1枚もらえます。また、1単元以上を株主優待の対象としている企業の場合でも、株主優待の対象の株数に達すれば株主優待を受け取ることが可能です。1単元以上が条件になっても、毎月10株買っていけば、1年足らずで条件を達成することができます。

単元未満株は取引する練習にもなります。初めて株式投資をする場合、いきなり数十万円の注文を出す勇気がない人もいるでしょう。また、初めて注文をする際に、取引ツールの操作に戸惑う可能性があります。しかし、単元未満株なら1株から発注できるので、操作を間違えてしまったとしても損失は少なくてすみます。

初めて株取引をするのに不安を感じているなら単元未満株で取引を始めてみるといいでしょう。

1株からもらえる株主優待

企業名	優待内容	権利確定日
デンカ(4061)	子会社の化粧品優待価格販売	3月31日、9月30日
NEW ART HOLDINGS(7638)	ジュエリー商品の割引(15%・20%)など	3月31日、9月30日
上新電機(8173)	株主優待券(200円)25枚	3月31日、9月30日
クラレ(3405)	オリジナルカレンダー	6月30日、12月31日
京セラ(6971)	優待通信販売カタログ	3月31日、9月30日
パソナグループ(2168)	グループの淡路島施設割引クーポン1枚ずつ	5月31日
リコー(7752)	自社製品の優待販売	3月最終営業日(平日)の2営業日前 9月最終営業日(平日)の2営業日前
テレビ朝日ホールディングス(9409)	テレビショッピング販売商品割引	3月31日、9月30日
松風(7979)	Jリーグ試合チケット(抽選)	3月31日
いちご(2337)	自社デンタル製品・ネイル製品の優待価格販売	2月末、8月末
SBIホールディングス(8473)	健康補助食品(サプリメント)・化粧品の割引購入申込券1枚	3月31日

単元未満株にはデメリットもある

手軽に始められる単元未満株ですが、デメリットが4つあります。

ひとつめは売買できる銘柄が限られていることです。**単元未満株は証券会社独自のサービスなので、売買できる銘柄が決められています。**そのため、欲しいと思った銘柄を証券会社が取り扱っていない場合は買うことができません。

ふたつめのデメリットは**注文方法が成行しかない**ということです。株の売買には成行注文や指値注文などがあります。成行注文とは、買いの場合は、そのときに出ている売り注文でもっとも安い価格。売りの場合は、そのときに出ている買い注文でもっとも高い価格で注文が即時に成立する方法です。指値注文はあらかじめ指定した株価になると売買できる注文方法です。単元未満株の場合は成行注文にしか対応していない証券会社がほとんどなので、注文方法の幅が狭いといえます。

3つめは、**証券会社によっては手数料が割高**なことです。株の売買時に発生する手数料は証券会社によって異なります。単元未満株は、通常の株の売買とは別の手数料が決められていることが多く、通常の株の売買に比べて手数料が割高な傾向がありました。最近では、SBI証券などの証券会社は買い付け手数料を無料にしているので、割高感は薄くなってきています。しかし、証券会社によっては割高感がある手数料を設定しているところもあるので、事前にチェックが必要です。

最後は**取引時間が決められている**ことです。通常、株の売買は前場と後場の時間帯ならリアルタイムで売買ができます。しかし、単元未満株は売買できる時間が決められており、リアルタイムの株価で購入できません。たとえばSBI証券の場合は、約定タイミングが1日のうち3回しかありません。注文してから実際に購入するまでにタイムラグがあるので、注文したときの株価で買うことができなくなってしまう可能性があります。

まとめ

単元未満株なら少ない資金で配当金の恩恵も受けられる

前場と後場……前場は9:00〜11:30、後場は12:30〜15:00。

買い増しは積立投資で行う

時間分散をするとリスクを抑えられる

毎月少しずつ株を買い増ししていく

配当株投資は、株を一度買ったら終わりではなく、定期的に買い増ししていくことになります。そのときオススメの投資手法のひとつに積立投資というものがあります。一定期間ごとに一定の金額で購入していく投資手法のことです。

積立投資は**一度に大金を必要としないので初心者にもオススメです。**毎月1万円でも数千円でもいいので、負担は大きくなく初心者でも手軽に始められます。また、毎月決められた日に株を買うので、売買のタイミングで悩むこともありません。

積立投資の最大のメリットは時間分散ができることです。投資の有名な格言に「卵をひとつのかごに盛るな」というものがあります。卵をひとつのカゴに盛ると、そのカゴを落とした場合には、全部の卵が割れてしまうかもしれませんが、複数のカゴに分けて卵を盛っておけば、そのうちのひとつのカゴを落として、中の卵が割れてしまったとしても、ほかのカゴの卵は影響を受けずにすむという格言です。

株式投資においての分散投資には、投資する銘柄や業種を分散する方法がありますが（146ページ参照）、時間を分散することも分散投資のひとつです。

一度にまとまった金額を投資するのではなく少額ずつ複数回に分けて投資することで、損するリスクを抑えることができます。

リスクを抑えるドルコスト平均法

長期的な資産形成の手法として有名な手法に「ドルコスト平均法」というものがあります。

ドルコスト平均法とは、価格が変動する金融商品を常に一定の金額で、かつ時間を分散して定期的に買い続ける手法です。この手法で金融商品を購入し続けた場合、価格が低いときの購入量は多くなり、価格が高いときの購入量は少なくなります。その結果、**平均取得価格を抑えるさせる効果が期待できます。**

たとえば、月2万円で積立投資をしているとき、最初の月は株価が200円で次の月の株価は100円だったとします。最初の月は2万円で100株購入することになり、次の月は2万円で200株購入することになります。結果、4万円で300株が手元に残るので、平均取得価格は約133円です。最初の月に一気に4万円で購入するよりも平均取得価格を抑えることができるわけです。ドルコスト平均法は機械的に買い続けることが重要なポイントです。株価を見て売買を判断してしまうと「高すぎるから少し待とう」や「安すぎてちょっと怖い」などの感情が入りうまく売買できなくなってしまいます。毎月1日に積み立てると決めたらそのルールを守って購入することが大切です。

まとめ

時間分散を使い、機械的に購入してリスクを抑える

ドルコスト平均法

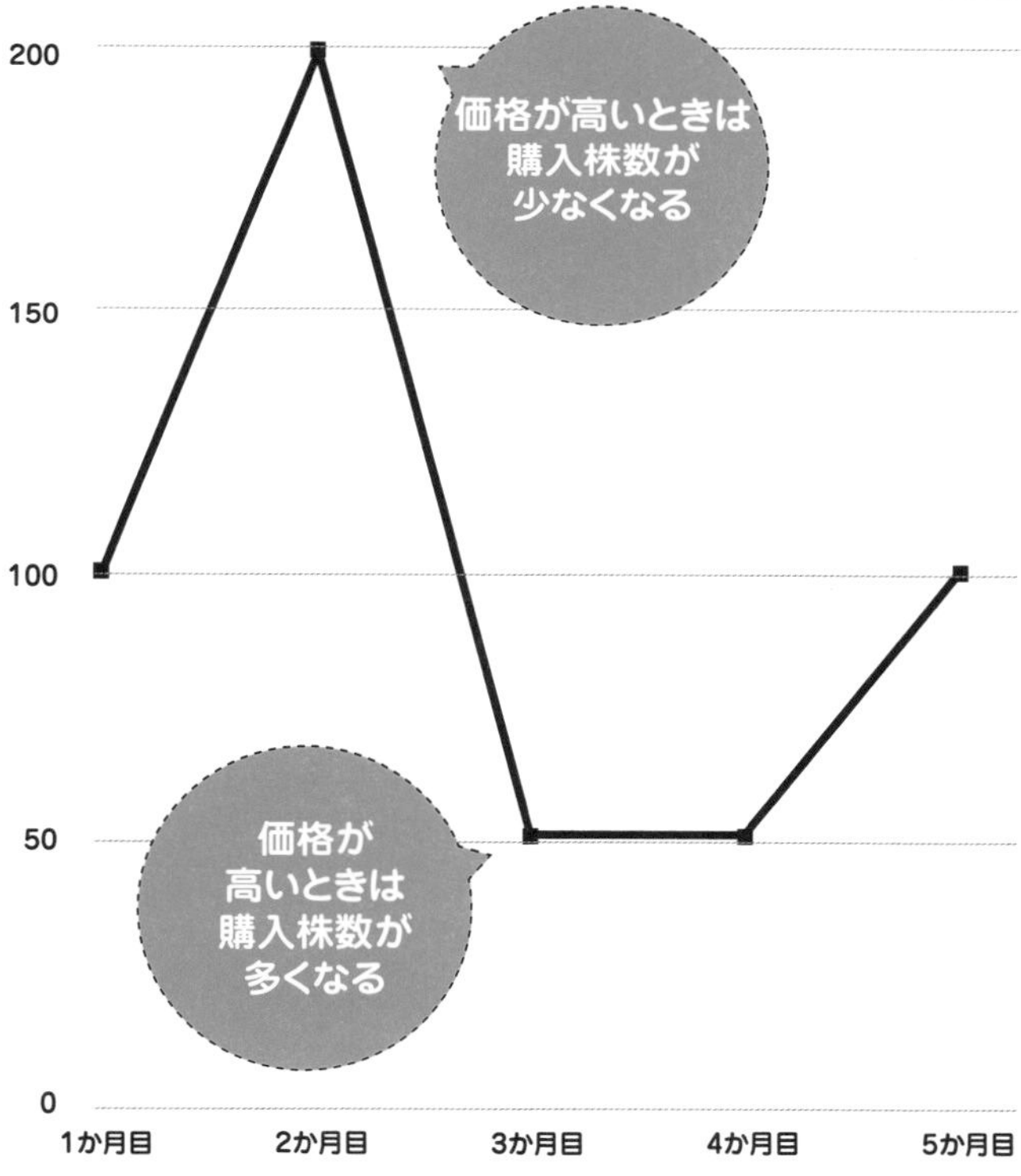

	1か月目	2か月目	3か月目	4か月目	5か月目
購入株数	200株	100株	400株	400株	200株
購入金額	2万円	2万円	2万円	2万円	2万円
平均取得	100円	約133円	約85.7円	約72.7円	約76.9円

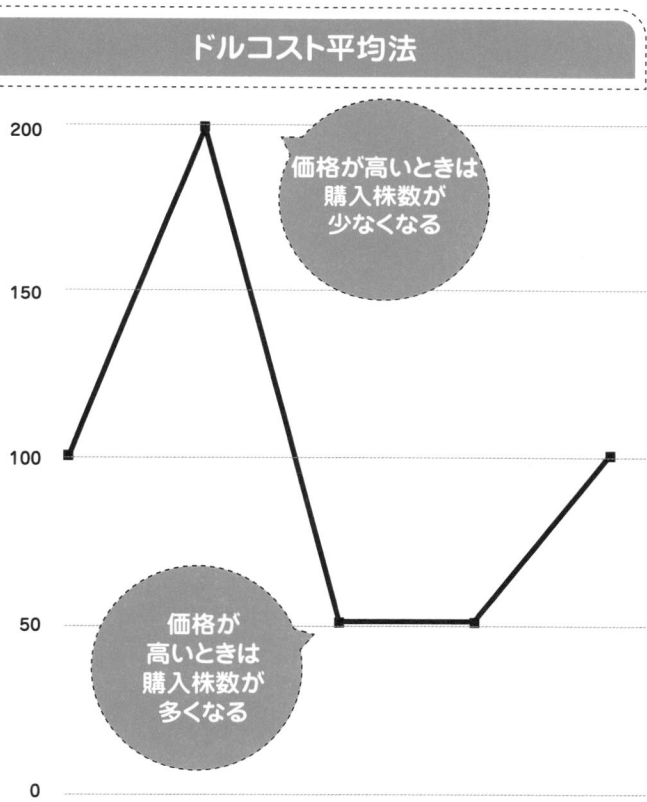

分散投資でリスクを分散する

銘柄を分散させてリスクを抑える

ひとつの銘柄だけを買い続けるのはリスクが高い

投資においてひとつの銘柄だけを集中して買ってしまうのはリスクが高いといえます。大金をつぎこんだ企業が大幅な赤字を出してしまい、配当金が無配になってしまうと配当金による収入がゼロになってしまいます。そのため、投資は時間だけではなく、銘柄も分散することをオススメします。

だれもが**安全だと思っている企業でも何が起こるのかはわかりません。**たとえば、東京電力は業績や配当の安定感から、代表的な「優良株」としての地位を確立していました。しかし、東日本大震災による福島の原発事故によってその信用は失墜し、株は大幅に下落し、

優良銘柄でもリスクはある

東京電力ホールディングス（9501）の株価

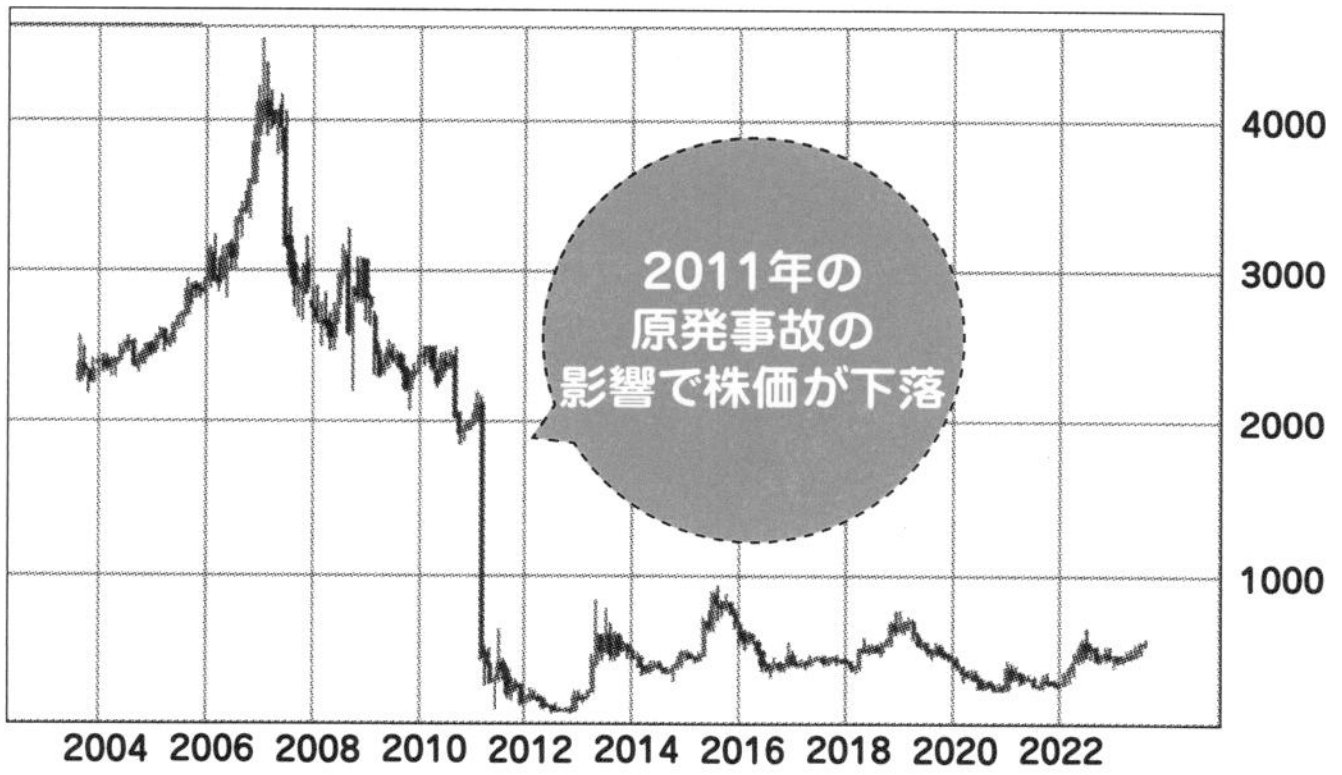

ANAホールディングス（9202）の株価

配当金も無配になってしまいました。同じくＡＮＡも優良株のひとつとして認識されていましたが、新型コロナウイルスの影響により、業績を大幅に減らし無配となってしまいました。

このように、どんなに安定した大企業でもいつなにが起こるのかはわかりません。そのため、株を買うときは1銘柄に絞るのではなく、複数の銘柄にわけて買ったほうが無難です。

保有銘柄が多いほど利益が安定する

配当株投資においては、銘柄が多いほど、もらえる配当金が安定します。たとえば10銘柄を持っていたとして、ひとつの銘柄が減配になったとしても、全体の10分の1程度しか影響はありません。つまり、**銘柄の種類が増えれば増えるほど、減配や無配によるリスクを抑えることにつながります。**

配当株投資を始めたものの慣れずにあまり多くの種類の銘柄を管理できないという場合は、業種をばらけさせることを意識してみましょう。異なる業種の銘柄を持っていれば、同時にすべての業種の業績が悪くなり、無配になることは考えにくいので、銘柄の種類が少なくてもリスクを抑えることができます。

また、いきなり複数の銘柄に投資するほど金銭的な余裕がないときでも、136ページで紹介した単元未満株を利用すれば、少額資金で複数の銘柄に分散することができます。

長期投資との相性も良い

分散投資は長期投資との相性も良い傾向があります。

長期間にわたって常に業績が安定している企業はなかなかありません。一時的に業績が悪くなってしまうこともあります。**分散投資をしていれば一時的に業績が悪くなってしまったときでも、大きな影響を受けることはありません。**配当株投資は長期投資が前提なので、こういった意味でも分散投資を意識することが大切です。

まとめ

銘柄の種類が多いほど利益は安定し、悪い影響は軽くなる

自分のペースで投資を続ける

ムリせず投資ができるペースを見つける

投資は続けることが大切

配当株投資は長続きさせるためにも、自分のペースで投資を行うことが大切です。人によって金銭感覚や貯金、収入が異なるので、この金額で始めるのがベストというものはありません。**1万円くらいから始めるのもいいですし、お金に余裕があるなら10万円でも100万円でも構いません。**大事なのは投資を始めるということです。

また、一度買ったら終わりなのではなく、定期的に保有株数を増やすことも大切です。142ページ～149ページで紹介したように時間分散をしたり、銘柄を分散させることもリスクを抑えるためには必要なので、最初に大金をつぎ込んであとは待つだけよりも、毎月コツコツ株数を増やしていくことも必要です。

そういった意味でも、自分の生活に負担をかけずに投資活動を続けられる金額を自分なりに決める必要があります。

毎月のお小遣いの半分を投資に回してもいいですし、毎日のコーヒー代を我慢してその分投資をしてもいいでしょう。

最初のうちは、あまり利益が増えずやきもきすることもあるかもしれませんが、そこをぐっと我慢して、自分のペースで投資を続けることが大きな利益につながります。

もちろん、さまざまな理由で途中で増額したり減額してしまうこともありますが、ムリせずに、10年、20年と長期間にわたって投資を続けられるようにしましょう。

まとめ
生活に影響を与えない範囲で投資を続けていく

最初は5銘柄を目標にしよう

慣れないうちは少ない銘柄数で取引しよう

まずは5銘柄を目標に探してみよう

高配当株を探していると、いろいろな銘柄がよさそうに見えて目移りしてしまうこともあるでしょう。保有する銘柄の種類は多ければ多いほど良いのですが、資金的余裕を考えるといくつもの銘柄を一気に買うのは難しいでしょう。

ひとつの目安として、最初は5銘柄を目標に探してみることをオススメします。5銘柄なら分散投資（146ページ参照）の効果を期待でき、どれかひとつの銘柄が減配してしまったとしても、ほかの銘柄でカバーできるのでリスクを抑えることができます。

投資資金が増えてきたら銘柄数を増やすことを考えていきましょう。

取得利回りも確認しておこう

株を購入したあと、株価が変動すると証券会社で公表される配当利回りと、実際自分が手にする配当利回りでは差が出てきます。たとえば配当利回りが4％のときに1000円で株を購入したとします。その後株価が変動し株価が2000円になったとします。証券会社などに表示される配当利回りは2％ですが、自分は1000円のときに購入しているので配当利回りは4％から変化していません。

このように実質的な配当利回りのことを「取得配当利回り」と呼びます。株を購入したあとは、取得利回りを確認し、実際の配当利回りはどのくらいなのかを把握しましょう。

まとめ

取得利回りで実際の配当利回りを確認する

月平均5万円の利益を目指す

目標を立てないと長続きしにくい

いくら稼ぎたいのか目標を決めよう

配当株投資をする以上、目標を立てることは大切です。将来いくらの配当金が欲しいのか、その配当金は何に使うのかはあらかじめ決めておきましょう。

配当株投資は長期間にわたって継続的に行うので、目標がないとモチベーションを維持することができません。いつまでにどのくらいの利益を目指すのかといった目標が立てられると投資を行う原動力になります。

どうしても、想像がつかないという人はまずは月平均5万円を目指してみるのはいかがでしょうか。月平均5万円、つまり年間60万円を目標にすると、ある程度の時間が必要になります。

年間60万円くらいの配当金がもらえるようになるくらいまで時間を費やせば、配当株投資のメリットがわかってくるはずです。

そこまでいくと配当金も加速度的に増えてきているころなので、配当株投資がどれだけ稼げるかも実感することができてきます。

月平均5万円を達成したら、次は年間100万円を目標にし、それも達成できたころには十分な利益を確保できている状態になっているでしょう。

そこからさらに投資を続けるかどうかは老後の生活や子供の将来のことなどを考え、各自調整していくといいでしょう。

まずは月平均5万円を目標に投資を始めてみてください。

まとめ

モチベーションを上げるために目標を定めよう

配当金コラム.4

「単元未満株」で「NISA」を利用する

単元未満株もNISAで運用できる

少額資金で投資ができる単元未満株ですが、NISAとの併用が可能です。

NISA 口座を開設できない LINE 証券や PayPay 証券などの一部スマホ証券をのぞいて、単元未満株を取り扱っている証券会社では、NISA 口座で単元未満株の売買が可能です。

単元未満株は SBI 証券や楽天証券など大手証券会社の多くが取り扱っていますが、NISA 口座はすべての証券会社でひとつしか開設できないので、取り扱い銘柄や手数料などを比較して慎重にどの証券会社に NISA 口座を開くのかを決めるようにしましょう。

第5章

高配当株を持ったあとにすべきこと

株を買ったあとにも確認すべきことや、売却して銘柄を調整したほうが効率が良くなる場合もあります。また、株保有中に自社株買いや株式分割が実施されるとどうなるのかも把握しておきましょう。

株を買ったあとはIR情報をチェック

IR資料で営業利益や海外売上構成比をチェックする

IR資料と取得配当利回りをチェック

配当株投資では、保有株に対してやることはそれほど多くありません。基本的にはほったらかしにして「配当金を受け取るのを待つ」というスタイルです。

最低限やっておきたいことは、**企業が発表する株主向けの資料をチェックすることです。**決算短信や中期計画書などには目を通して、業績の動きをチェックします。基本的には、第3章で説明した営業利益率や海外売上構成比、自己資本比率などが悪化していなければ問題ありません。また、決算短信では、配当金の金額が公表され、中期計画書では配当の方針などが書かれているのでチェックしておきましょう。

保有している株の取得配当利回りをチェック

保有している株の「取得配当利回り」も確認しておきましょう。**取得配当利回りとは取得価格に対する配当金の利回りのことです。**企業や証券会社が公表している配当利回りは現在の株価に対するものなので、株価が変わっている場合、自分が現在受け取っている実質的な利回りとは異なります。

たとえば、株価が500円のときに購入したとします。現在の株価が1000円で配当利回りが4％（1株配当40円）の場合、取得価格が500円なので取得配当利回りは8％になります。逆に、株価が2000円のときに買っていた場合、取得配当利回りは2％になります。

株価上昇により配当利回りが下がっていたとしても、平均取得価格が現在株価よりも低ければ自分が受け取れる実質的な利回りは高い状態になります。

株価が上昇したことで証券会社などの企業情報に表示されている配当利回りが下がっていたとしても慌てず、自分の平均取得価格と比較して取得配当利回りを確認して、どれくらいの利益が得られるのかを把握しましょう。

全体の配当利回りを確認しよう

銘柄数が増えてきたら全体の配当利回りを確認することも大切です。たとえば、取得利回り5％のA株を1万円分、取得利回りが4％のB株を2万円分、取得利回り3％のC株を1万円分持っていた場合、受け取れる配当金は1万円×5％＋2万円×4％＋1万円×3％＝1600円で、元本は4万円なので全体の配当利回りは4％になります。

銘柄を増やしていくうちに、全体の配当利回りが低くなってきたら、取得配当利回りが低い銘柄を持ちすぎているということなので、売却して新たに配当利回りが高い銘柄に投資するようにしましょう。

まとめ

営業利益や海外売上構成比、取得配当利回りを確認しよう

取得利回りを確認する

株を取得したときの金額で取得利回りを計算する

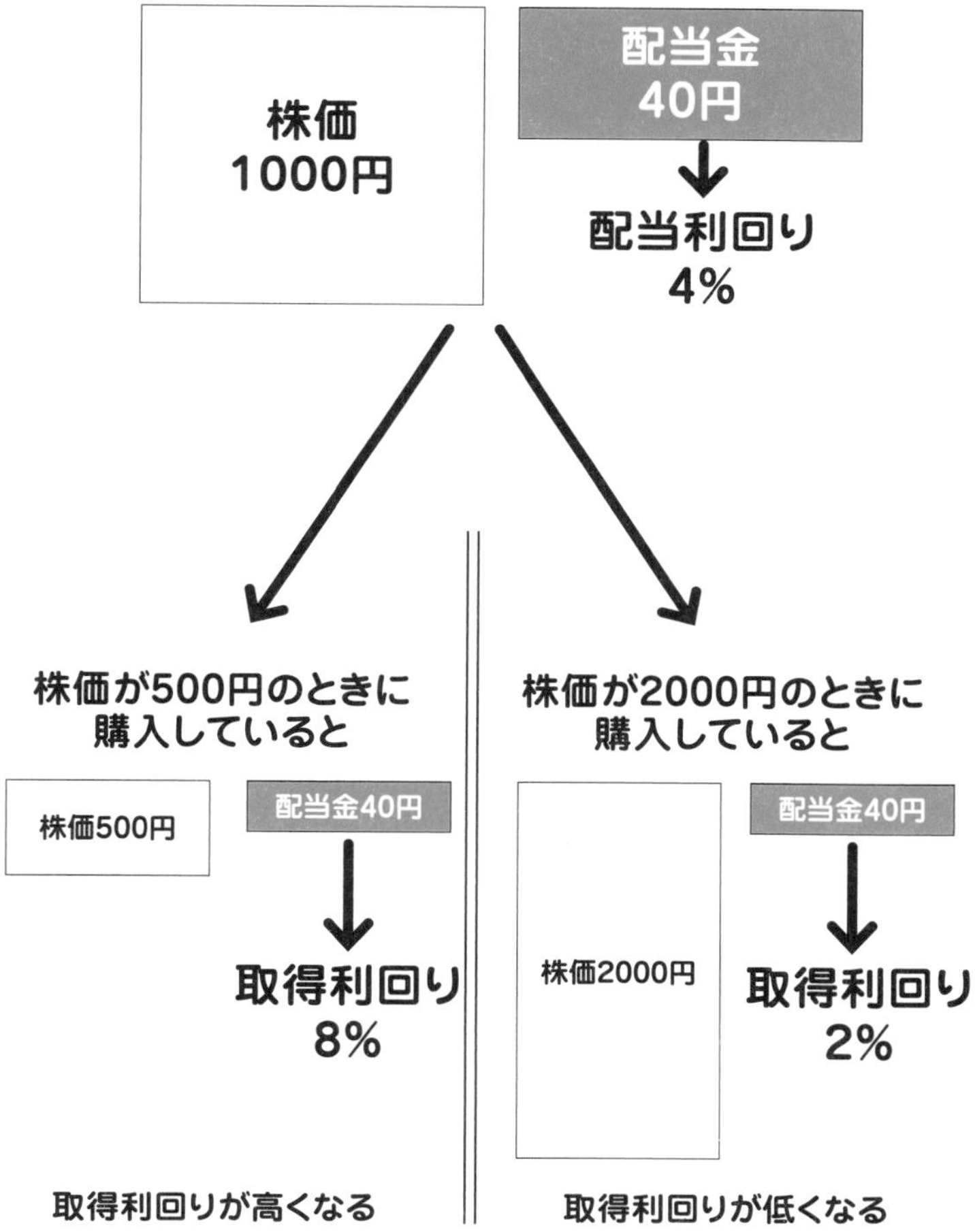

株価の動きは気にしなくてOK

株価の動きに敏感になりすぎず、無関心にもならない

株価が動いた原因はチェックする

株価の動きはそこまで気にする必要はありません。1章でも説明しましたが、配当株投資では、株価の動きは利益に直結しません。株価そのものよりも、配当金が増配したか減配したかのほうが大切です。

株価の上がり下がりで一喜一憂しなくてすむのが配当株投資のメリットでもあります。とはいえ、株価が気になってしまうのは仕方がないことでもあるので、自分のメンタルが安定するのであれば、1日1回程度相場をチェックしておくのもいいでしょう。

なお、株価が大きく変動した場合は、**「なぜ株価が変動したのか」という要因だけは確**

認したほうがいいでしょう。株価の上がり下がりそのものは気にしませんが、変動した要因は押えておかないと、今後の投資方針に影響を与えます。株の値動きに対して敏感になる必要はありませんが、無関心になってしまうのはよくありません。

企業そのものの状態は把握しておく

長期的な要因で株価が動いたのか、短期的な要因で株価が動いたのかでは意味が異なります。長期的な要因で株価が下落した場合は、配当金にも影響が出る可能性が考えられるので、その後の動向をチェックする必要があります。

株価の動きは気にする必要はなくても、企業そのものがどのような状況かはしっかりと確認していきましょう。

まとめ

株価の動きよりもなぜそう動いたのかをチェックする

株価の急騰時は場合によっては売却

10年分の配当金と同等の利益が見込めるなら売る選択もできる

売却による利益と配当金による利益を比較する

保有している銘柄の株価が急騰した場合、「今売れば大きな利益が確保できるぞ！」と思い売りたくなってしまう人は多いでしょう。しかし、すぐに売ってしまうのはもったいない可能性もあります。これまで説明したように配当株投資は長く持てば持つほど利益が増えていきます。その利益と株を売却したときの利益を天秤にかけてどちらが得なのかを考えるようにしましょう。

ひとつの目安としては、**増配などは考えずにその株を10年持った場合の配当金と今株を売ったときの利益でどちらが大きいのかで考えます。**

たとえば株価1000円のときに100株購入し、1株配当が年間40円だとします。この株を10年持ちつづけた場合の配当金は4万円になります。株購入後に株価が1400円まで上昇したら、10年分の配当金と同額の4万円が利益になるので、売ることも考慮に入ってきます。

業績が良くなったなら増配が期待できる

株価が急騰するということは、企業の業績が良くなっている可能性もあります。その場合、株主還元に力を入れている企業なら増配をしてくれることも考えられます。株価が急騰したからといってすぐに売ってしまうとその恩恵を受けられなくなってしまうので、株価の急騰原因を探ってみましょう。**業績が良くなっているのであれば、増配に期待してそのまま持ち続けるのもひとつの手です。**

また、近年はインフレによって企業の業績が良くなり、株価が上昇しています。「インフレに強い」という配当株投資のメリットを受けたいのであれば、株価が上昇しても保有し続けることをオススメします。インフレはモノやサービスの価格が上昇することですが、裏を返せば円の価値が下がっていることになります。たとえば、今まで120円で買えていたジュースが150円になった場合、相対的に円の価値が下がっていることになります。

株を売って現金にしたあとにインフレが進んでいけば、その現金の価値が下がってしまうのでむしろ損をしてしまう可能性が考えられます。インフレからある程度時間がたち、企業の業績が上がってくると、それに合わせて株価も上昇するので、そのまま株として持っていたほうが将来的に得をする可能性があるわけです。

まとめ

株価の高騰は企業の業績などを考慮して判断する

インフレ時の株と円の価値の動き

日経平均株価の動き

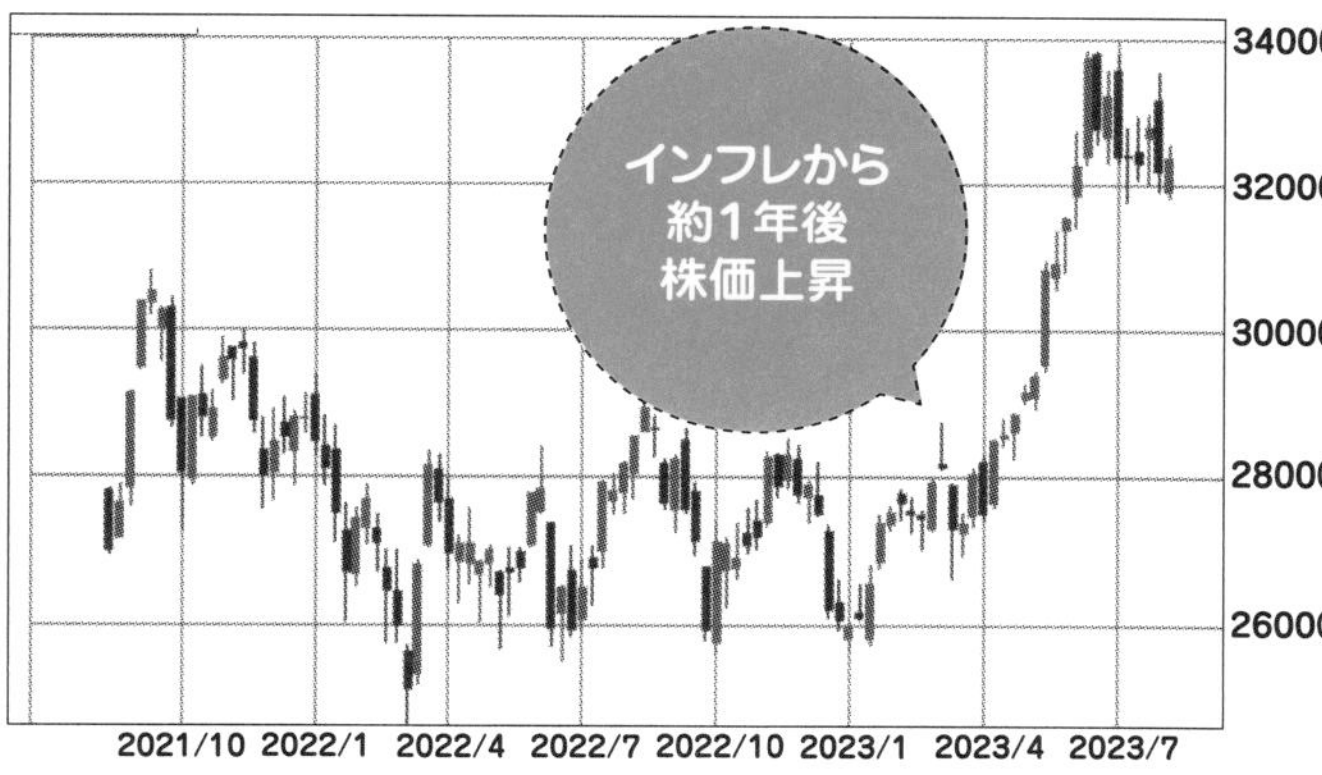

米ドル／日本円の動き

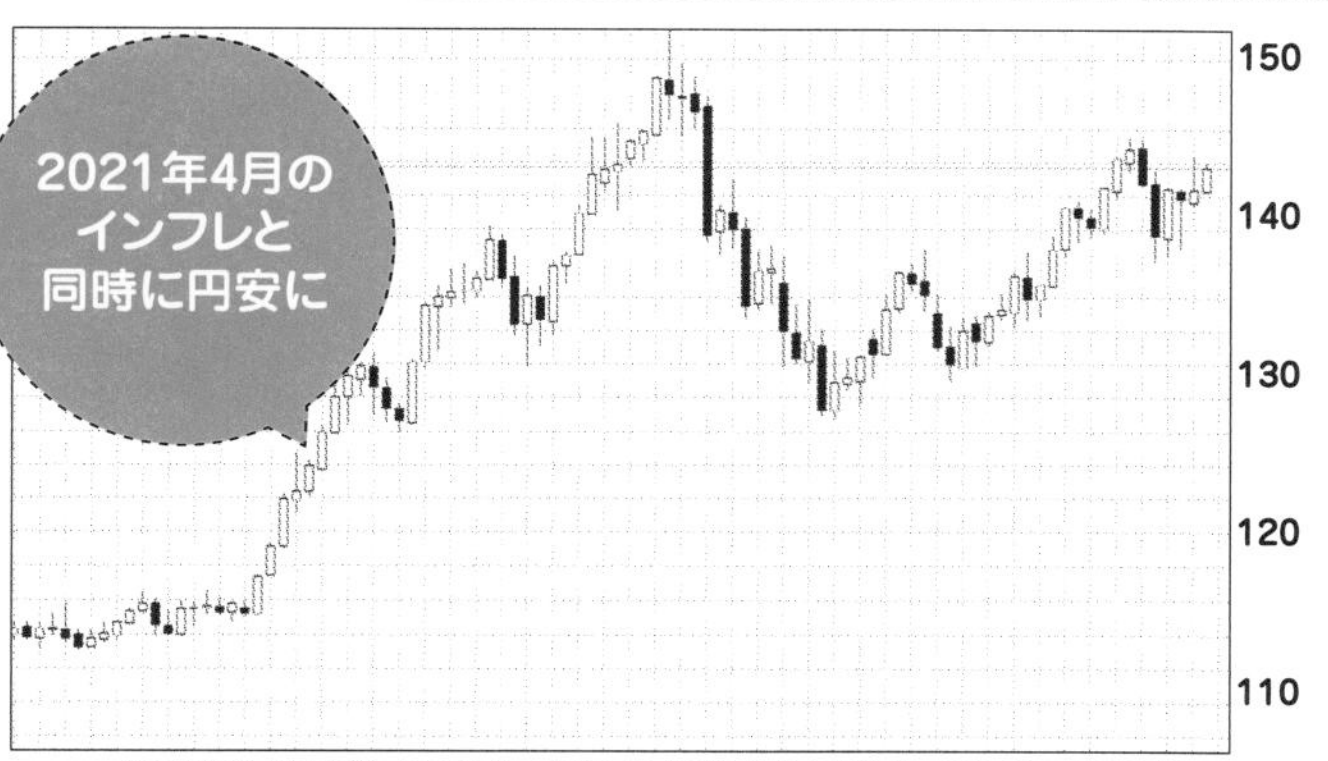

株価が急落したときはチャンス

買い増しをすることで平均取得価格を下げる

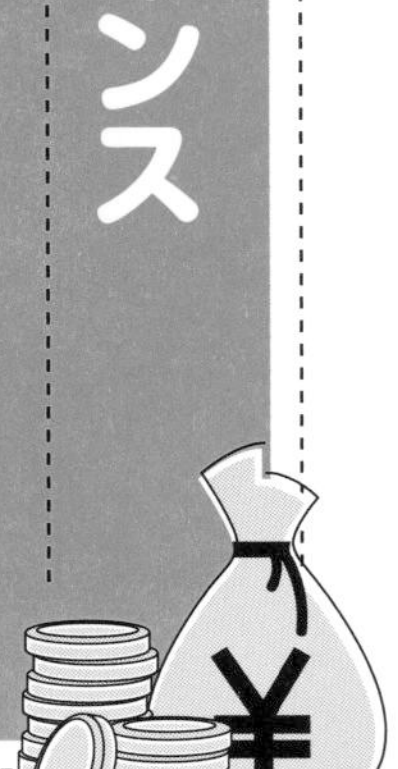

配当金が減らなければ損はしない

保有株の株価が急落したとき、膨らんでいく含み損に対して不安になってしまうこともあるでしょう。今すぐにでも損切りしなければならないと思ってしまう人もいるでしょう。しかし、株価が下落したからといって慌てて損切りしてしまうと、かえって損をしてしまう可能性があります。

株価が下がっても、もらえる配当金が少なくなるわけではありません。たとえば、高配当株として有名なオリックス（8591）は2020年に新型コロナウイルス流行の影響で株価が下落しましたが、配当金は据え置きでした。つまり、株価が下落しても配当金による利益

オリックスの株価の動きと配当金の動き

オリックス（8591）の株価の推移

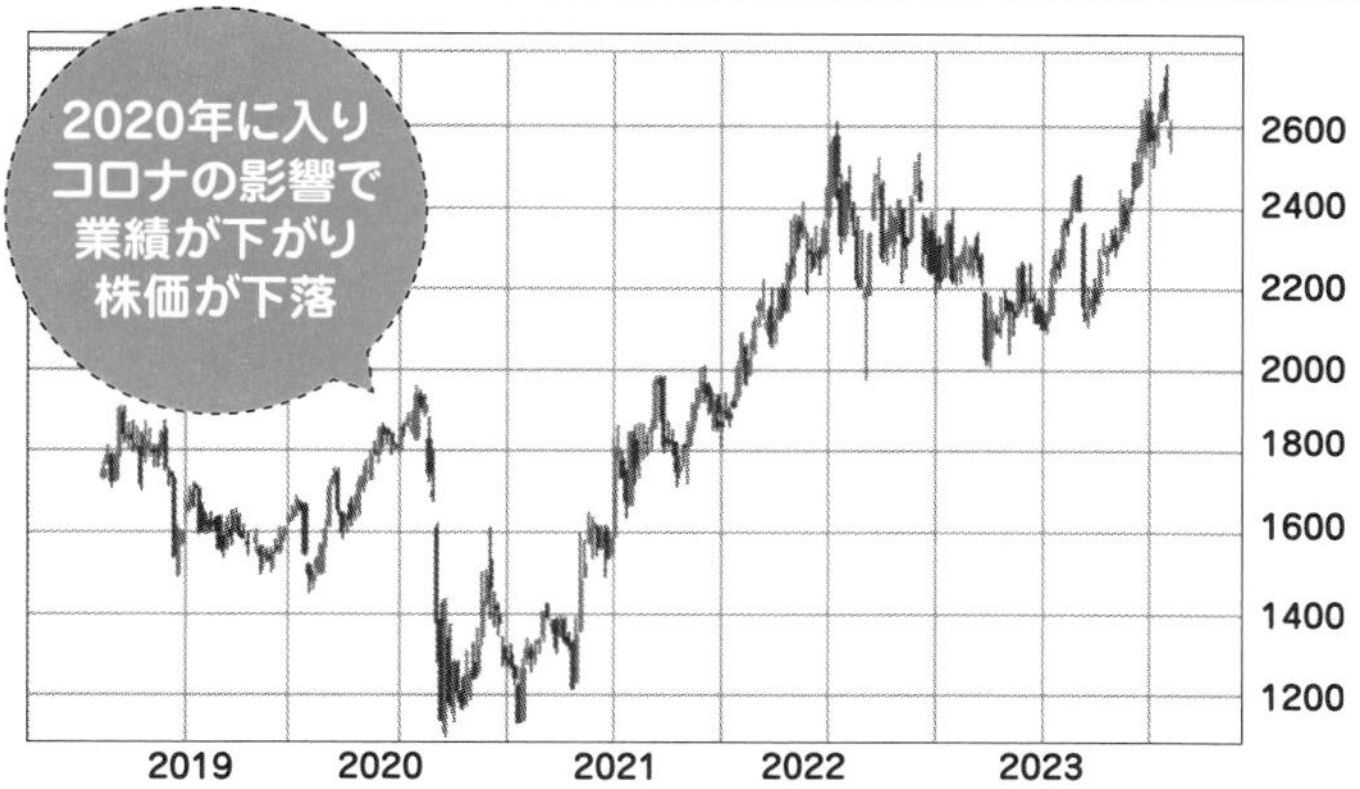

オリックス（8591）の配当金の推移

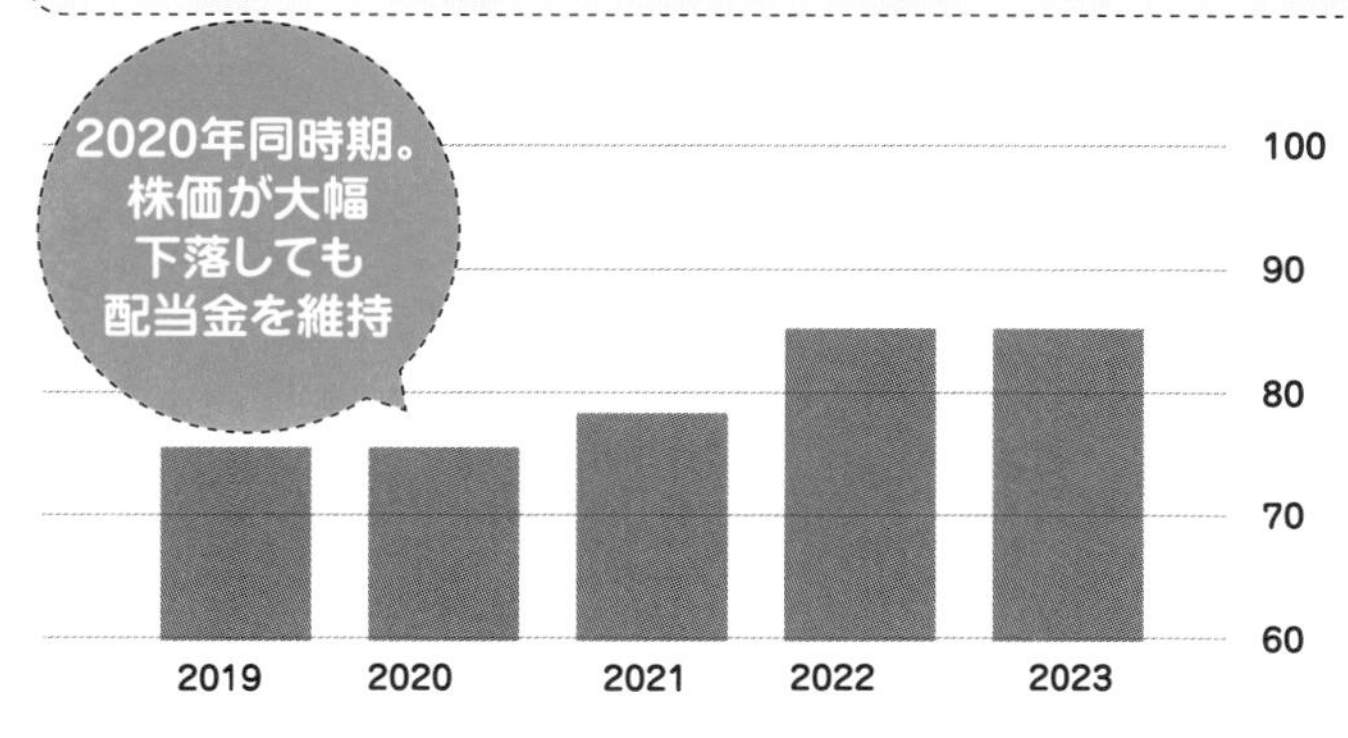

は変わっていません。**利益が変わらないのであれば株を売る必要はないといえるでしょう。**

株価が下がったときは平均取得価格を下げるチャンス

どんなに優秀な企業でも株価が上がり続けることはなく、どこかで下落局面はあります。トヨタやソニーなど日本を代表するような企業でも下落局面はあります。

株価が下がったときはむしろチャンスとも言えます。株価が下がるということは、株を安く買えることになります。もともと持っていた銘柄であれば、株価が下がったときに買い増していけば、平均取得価格を下げ、取得配当利回りを高くすることができます。

特に新型コロナウイルス流行のような外的要因による株価の下落は時間をかけて株価が戻ることも多いので、長い目で見れば大きな得になる可能性もあります。

まとめ

下落したときこそ買い増しのチャンス！

日本を代表する企業でも下落局面はある

トヨタ自動車（7203）の株価推移

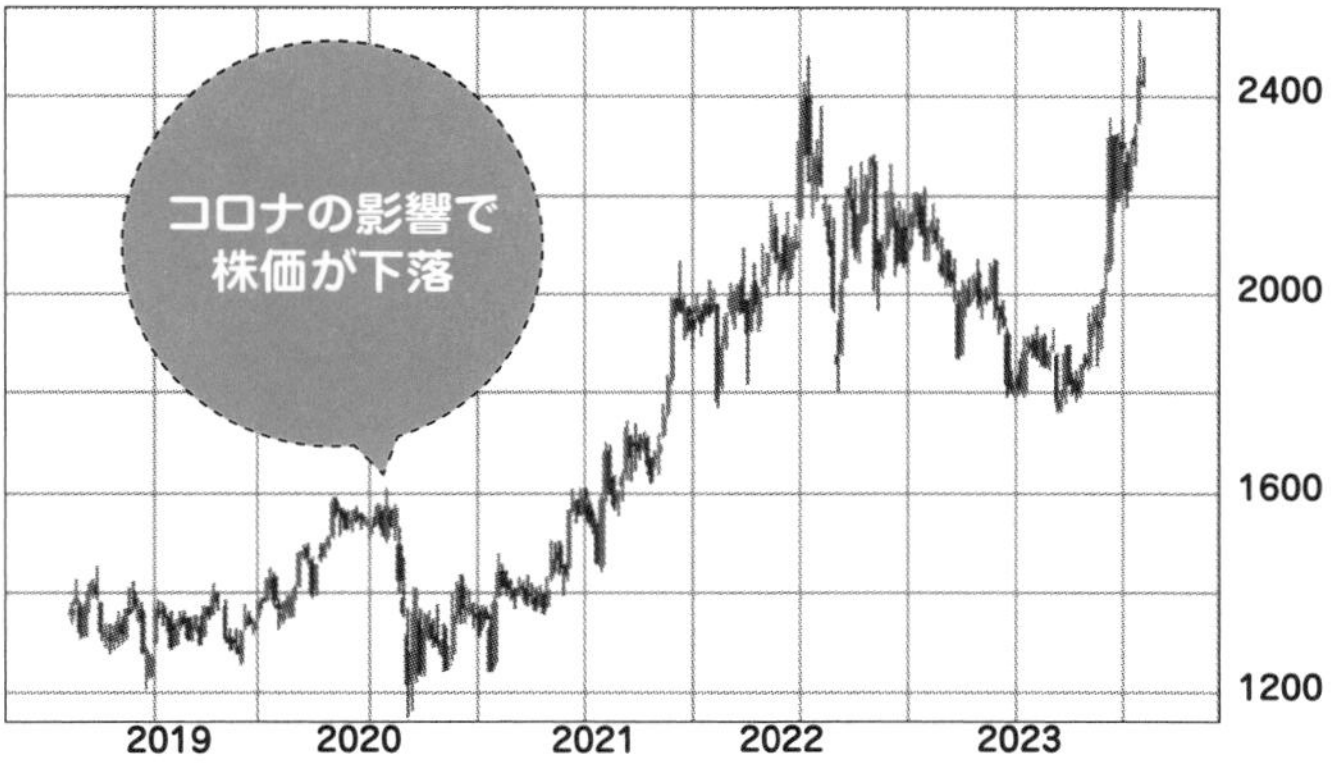

ソニーグループ（6758）の株価推移

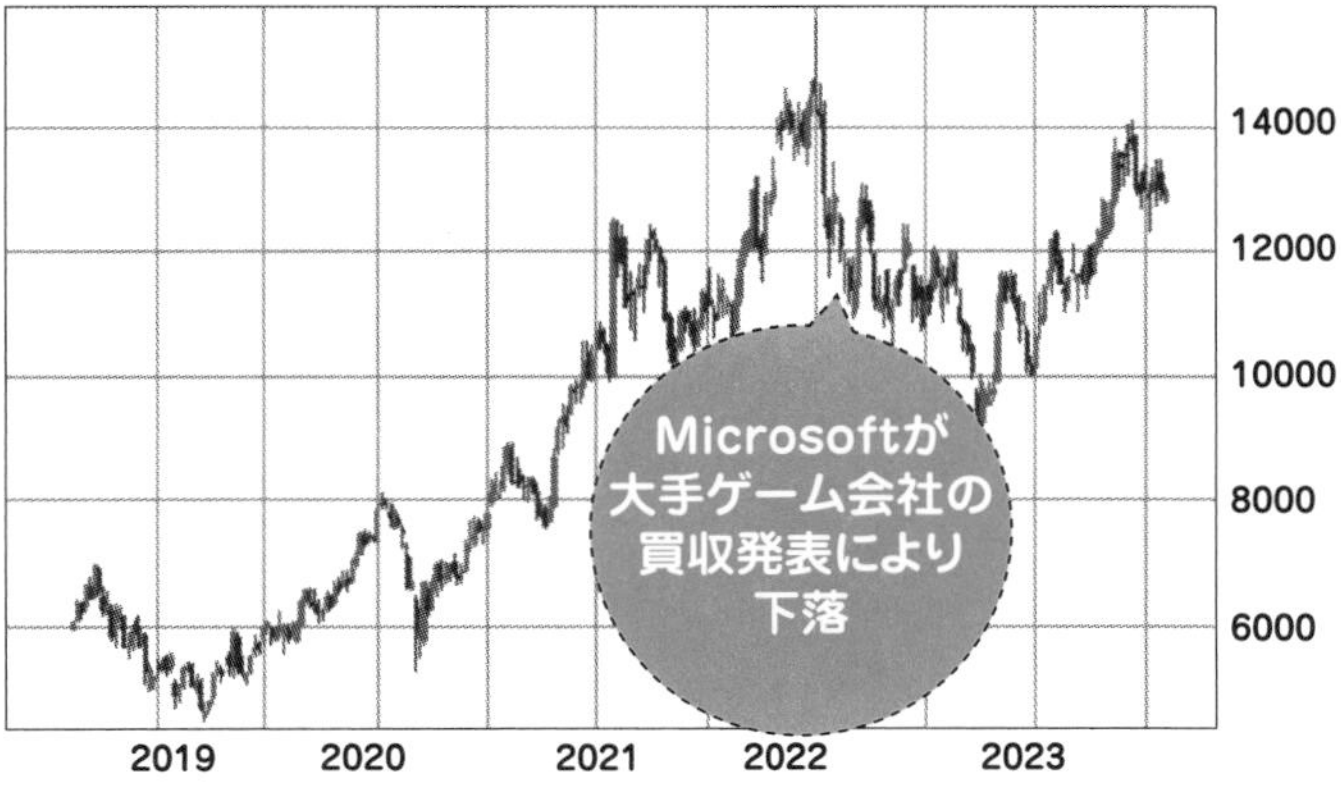

ポートフォリオはあまり気にしない

きちんと分散投資ができていれば特に気にする必要はない

細かな調整は必要ない

投資をするうえでポートフォリオという言葉を聞いたことがある人もいるでしょう。ポートフォリオとは自分が所有している資産構成のことです。たとえば日本電信電話（ＮＴＴ）株を2万円分、オリックス株は2万円分持っていたとすると現金比率でＮＴＴ株50％、オリックス株50％の比率のポートフォリオを組んでいることになります。

細かくポートフォリオを調整する人もいますが、１４６ページで紹介した**分散投資がきちんとできているのであれば特に気にする必要はありません。**

ポートフォリオは適切な分散投資を行うために組むものです。分散投資ができているのであれば、自然とリスクを抑えたポートフォリオができあがるので、ムリに調整する必要はありません。

だいたいの配当金の状況は把握しておく

ポートフォリオを細かく考える必要はありませんが、だいたいでいいので、自分がどの銘柄にどのくらい投資をしていて、年間どれくらいの配当金を受け取っているのかは把握しておきましょう。

投資をする以上、利益が得ることが目的なので、どのくらいのペースで株数や配当金が増えているのかを確認しましょう。なんとなく増えているなと感じるのではなく、具体的な数字で見ることはモチベーションの維持にもつながるので大切なことです。

まとめ
ポートフォリオより、配当金の状況を確認するほうが重要

自社株買いで1株あたり純利益が増加

自社株買いは投資家にとってメリットが多い

自社株買いが行われるとEPSが上がる

自社株買いを行ったというニュースを耳にしたことはありますか。自社株買いとは、上場企業が自らの資金を使って、株式市場から自社の株式を買い戻すことをいいます。

株式市場から自社の株式を購入してその株式を消却（無効）することで、会社の発行済み株式総数が減少し、1株当たりの価値が高くなります。発行済み株式数が減少するため、企業の利益が減らない限りEPS（1株当たりの純利益）も増加することになり、自社の利益の一部を株主に支払うのと同じ効果となるため、配当と同様に株主還元策のひとつとされています。

自社株買いを実施した主な企業

企業名	実施金額
日本電信電話（NTT）（9432）	5102億7154万円
ソフトバンクグループ（9984）	3999億9953万円
三井物産（8401）	2399億9994万円
日本郵政（9433）	1999億9998万円
KDDI（8316）	1999億9997万円
三井住友 FG（8316）	1999億9959万円
三菱UFJ FG（8306）	1499億9999万円
富士通（6702）	1499億9947万円
リクルート HD（6098）	1499億9933万円
INPEX（1605）	1199億9990万円
第一生命 HD（8750）	1199億9981万円

2023年1月〜7月に実施

近年は、自社株買いを行う企業が増えており、2021年は751社、2022年は989社が実施しています。

自社株買いによるデメリットもある

自社株買いを行うと自己資本比率（88ページ参照）が下がります。自社株買いは、自己資本を使って行われるため、総資本における自己資本の割合が減ることになります。

また、自社株買いをすると株価が上がりやすい一方で、上昇したタイミングで株を手放す株主も多いため、一時的に下落することもあります。株価は気にする必要はありませんが、株価変動要因として覚えておきましょう。

まとめ

自社株買いはEPSの向上が見込める

自社株買い実施企業数推移

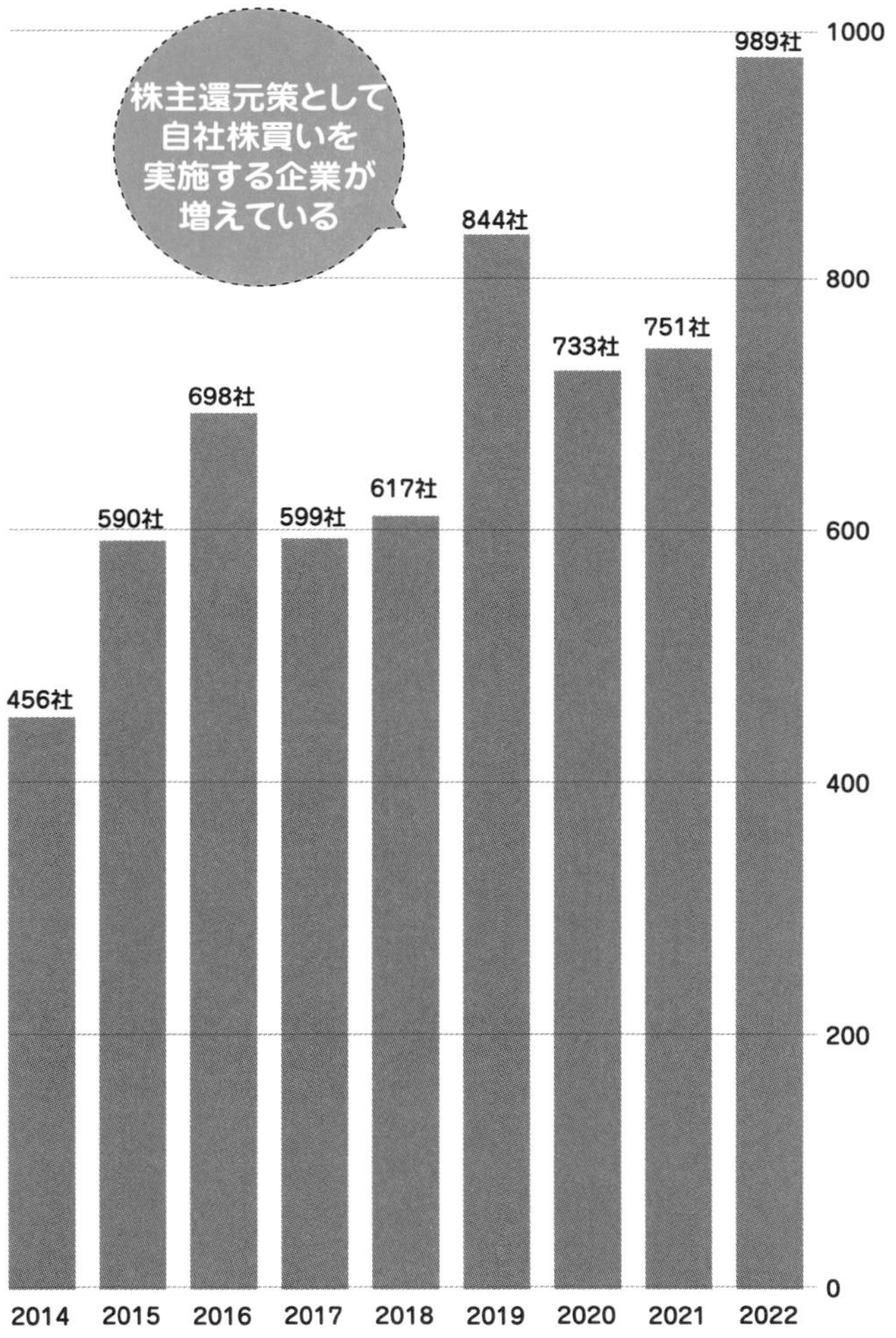
株主還元策として
自社株買いを
実施する企業が
増えている
456社
590社
698社
599社
617社
844社
733社
751社
989社
1000
800
600
400
200
0
2014
2015
2016
2017
2018
2019
2020
2021
2022

株式分割は配当株投資にも有利

実質的に増配になることもある

株式分割で株が買いやすくなる

企業が株を増やすための手段のひとつとして「株式分割」というものがあります。株式分割とは、すでに発行されている株を複数の株に分割することで、2023年7月に日本電信電話（NTT）が1株を25株に分割したことでも話題になりました。

株数が増えても会社の価値は変わらないので、基本的には分割された分だけ1株当たりの株価が修正されます。たとえば、株価が2000円の株式が4分割した場合、分割後の保有株数は4倍になり、理論上、株価は500円となります。そのため、株式分割がおこなわれて株価が下がったからとって損をするわけではありません。

企業が株式分割する目的は単価を下げて株を買いやすくし、より多くの投資家に株主になってもらうことです。NTTも株式分割前は、1単元を買うのに40万円超必要でしたが、株式分割後は1万6000円程度と手が出しやすい価格となっています。

また、1単元あたりの価格が下がることで、少額で買い増しや売却することもやりやすくなります。保有したい株数を計算して買ったり売ったりなど、株式の売買自由度が上がります。

実質的な増配になる場合もある

株式分割は配当株投資においてもメリットがあります。

ひとつめは実質的に増配になる場合もあることです。配当は「1株当たり○○円」と決められています。もし、株式分割があっても、配当に変更がなければ、分割で増えた株の分、さらに配当がもらえます。増配の発表がなくても、実質的な増配になるというわけです。

また、配当金が減った場合でも分割した割合と減配額によっては実質的な増配になるケースもあります。たとえば、株を3分割するが、配当は40円から20円に変更する場合は、保有株数は3倍になる一方、配当金は1・5倍になります。

同様に、株主優待の面でも得をすることがあります。ほとんどの企業の株主優待は、1単元（100株）が基準になっています。株式分割後も、優待内容と条件に変更がなければ、分割後の安い価格で、分割前と同じ優待がもらえます。

このように株式分割は、配当株投資において有利になることもあるので、株式分割を行う企業が配当金をどのように変えるのかはチェックしておきましょう。

まとめ

株式分割によって実質的な増配になる場合がある

株式分割を行った主な企業

企業名	実施日	分割比率	最低購入金額（2023年8月）
日本郵船（9101）	2022/10/01	1/3	38万3900円
川崎汽船（9107）	2022/10/01	1/3	50万円
東京海上HD（8766）	2022/10/01	1/3	31万900円
任天堂（7974）	2022/10/01	1/10	62万5100円
ファーストリテイリング（9983）	2023/03/01	1/3	345万円
東京エレクトロン（8035）	2023/04/01	1/3	204万5000円
バンダイナムコHD（7832）	2023/04/01	1/3	33万800円
ファナック（6954）	2023/04/01	1/5	41万9100円
オリエンタルランド（4661）	2023/04/01	1/5	53万2300円
信越化学工業（4063）	2023/04/01	1/5	46万200円
明治HD（2269）	2023/04/01	1/5	37万5800円
NTT（9432）	2023/07/01	1/25	1万6400円

減配したら取得利回りを確認しよう

減配しても状況によっては売る必要がない

減配後の取得配当利回りを確認しよう

企業の業績によっては減配してしまうこともあります。しかし、減配したからといってすぐに売りを考えないようにしましょう。

減配したとしても、154ページで紹介した取得配当利回りがどのくらいなのかを確認しましょう。減配するまでに増配を続けていたり、株価が安い時期に買い増ししていれば、**減配したとしても高配当利回りを維持できているケースがあります。**4%以上を維持できているのであれば、売る必要はありません。

また、減配したとしてもすぐに増配するケースもあります。たとえば、たばこや医薬品のメー

JT（8591）の株価と配当金の推移

JT（8591）の株価の推移

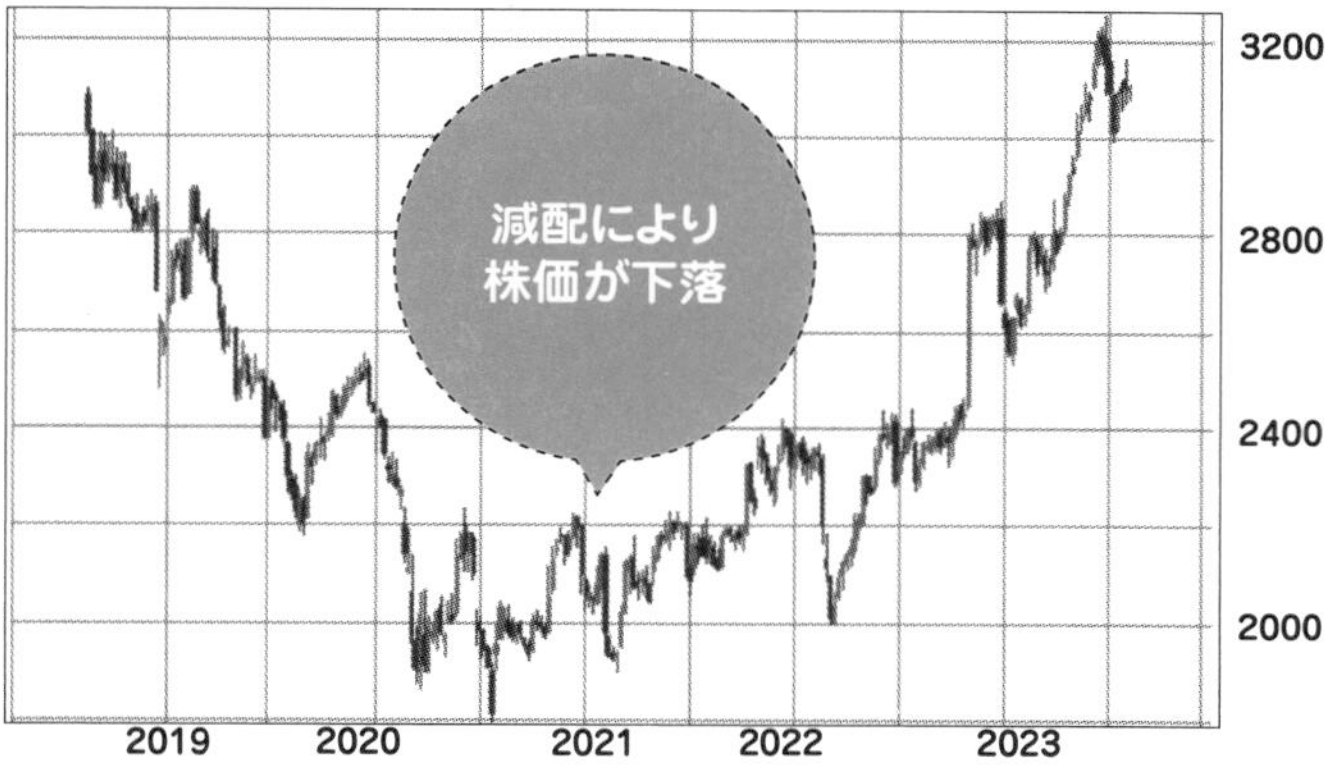

JT（8591）の配当金の推移

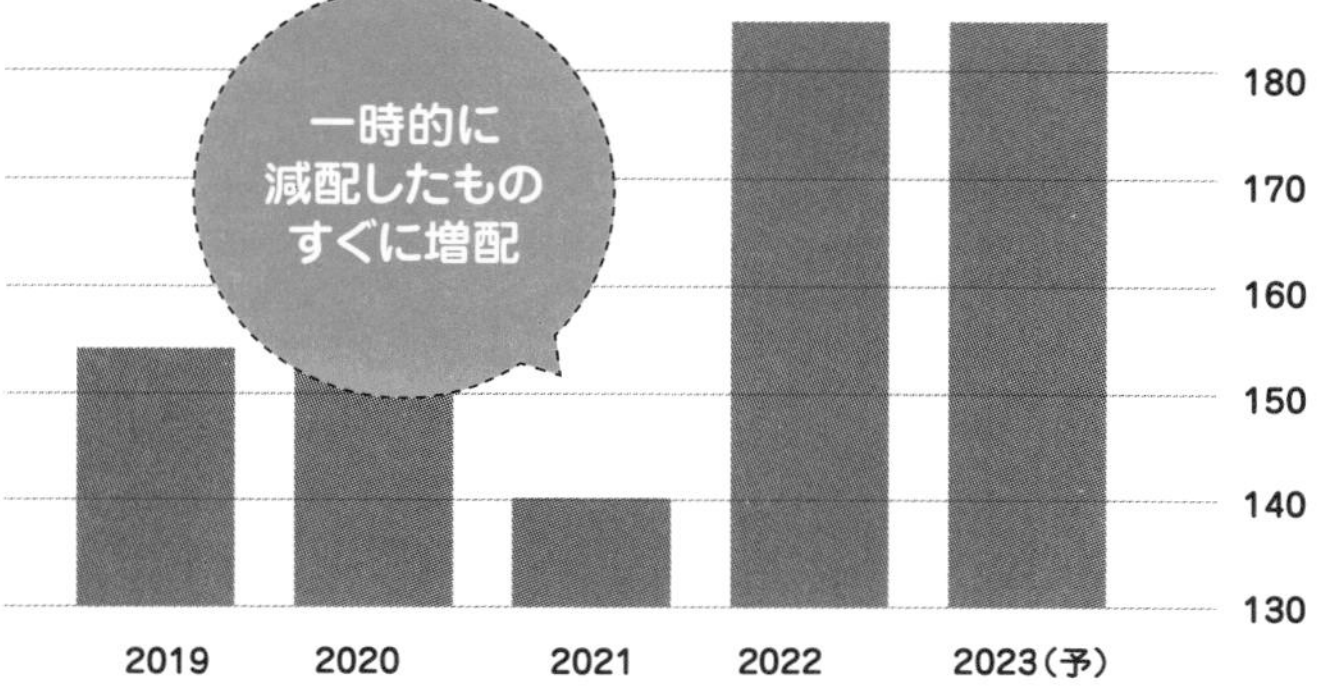

カーとして有名な日本たばこ産業（ＪＴ）は、２００５年から連続増配を続けてきた高配当株ですが、２０２１年に１９９４年の上場以来、初めてとなる減配をしました。高配当株として注目を集めていた銘柄だったので大ニュースとして報道され、株価も一時的に下落しました。

減配した理由としては、業績の悪化とともに配当方針の変更がありました。これまで、配当の方針を特に定めていませんでしたが、２０２１年からは配当性向75％を目安とするとの発表がありました。

しかし、減配したといっても１株配当は１５４円から１４０円に下がっただけで、配当利回りは当時の株価に対して約６％と高配当株であることには変わりありません。

また、日本を始めとした先進国では、禁煙ブームにより厳しい状況にはありますが、中東などの新興国では喫煙者が多い状況です。実際、ＪＴの売り上げは、国内タバコに関しては４分の１ほどで、海外タバコの売り上げは６割以上を占めています。このため、国内の売り上げが下がったところで業績の悪化は限定的だと判断することができます。

結果的には、翌年には再び増配を行い、1株配当は188円にまで増え、株を保有し続けて人にとっては、うれしい結果となっています。

このように、減配したとしても売らずに持ち続けたほうがいいケースもあります。減配だけを理由に株を手放すのではなく、取得配当利回りや企業の業績や状況を確認して売却判断をするようにしましょう。

また、減配したときは株価が下がることが多いので、平均取得価格を下げられる買い増しをするチャンスになります。

減配した企業を今後も保有し続ける気持ちがあるなら、買い増しを行うという選択を取るのもひとつの手です。

無配になったまま戻らないケースもある

一方で、無配になったまま配当金が戻らないケースもあります。

147ページでも紹介した東京電力は、かつては高配当株としても注目を集めていましたが、

2011年の福島の原発事故の影響で業績が悪化し、無配となってしまいました。2023年になってもその状況は変わらず、無配の状態が続いています。

このように、企業が大事故を起こしたり、新型コロナウイルス流行のようなパンデミックがあると無配転落や減配の可能性があります。

いくら企業に力があったとしても、それ以上のダメージを受けてしまうとなかなか立ち直ることはできません。

無配リスクや減配リスクを考え、しっかり業績や経営状況を確認し、投資することが大切です。

まとめ

取得配当利回りや業績を確認してから売却判断する

東京電力（9501）の配当金の推移

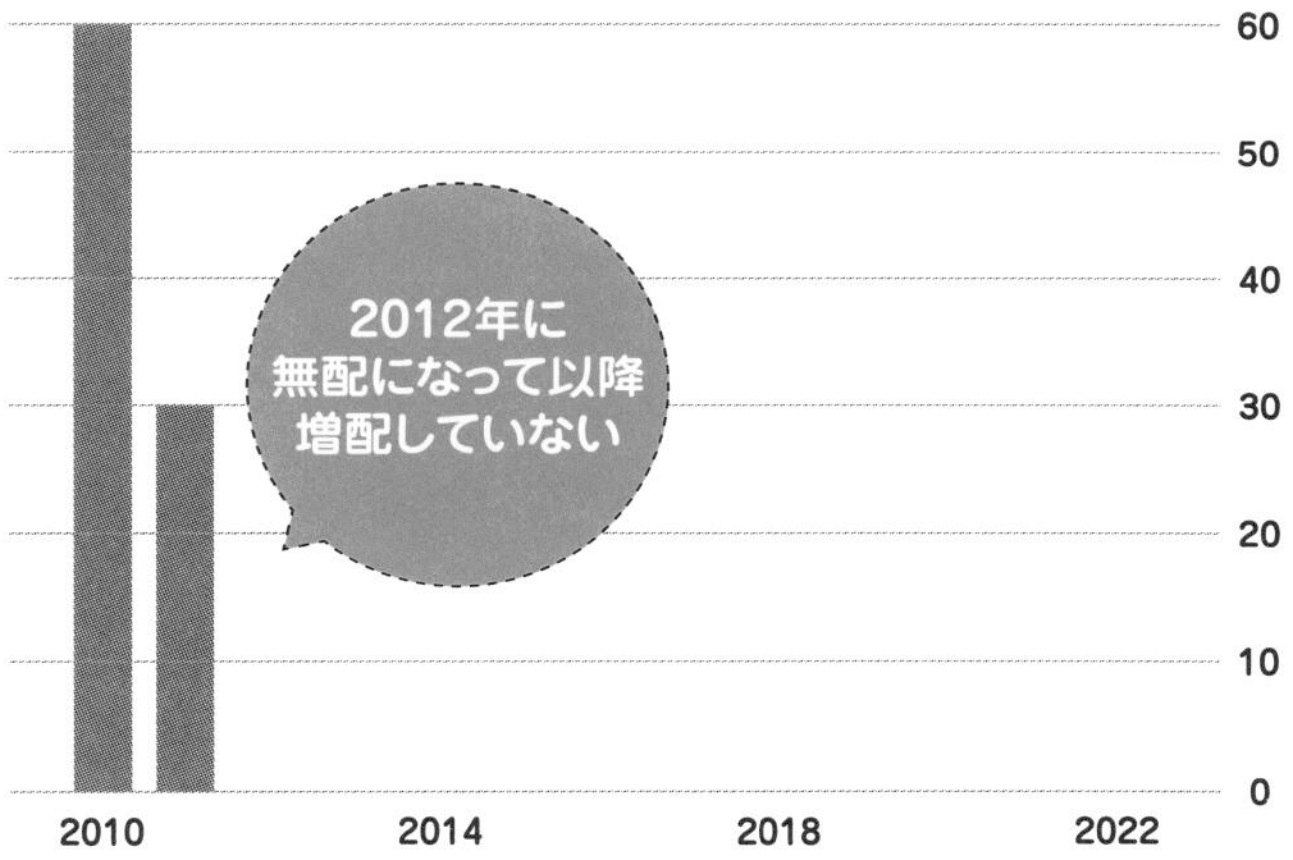

一度無配転落したり、減配するとその状態のまま変わらないこともあるので、無配リスクや減配リスクについて常に頭に入れておき、株運用をどうするのかを考えておこう。

銘柄を入れ替えて効率的に運用する

配当利回りが3～5％の銘柄に入れ替えていく

効率を考えて銘柄を入れ替える

株価の上昇や、減配、無配によって株を売却した場合は、配当金による収入が減ってしまうので、新たな投資先をあらかじめ探しておきましょう。今保有している銘柄を買い増してもいいですし、新たな銘柄を探してもいいです。

たとえば、当初、配当利回りが5％ほどだったA社の株価が上昇したことで、配当利回りが2％台に低下したとします。こういった場合、株の一部を売却し、その資金で配当利回り4％の株を購入します。こうすることで保有株全体の平均利回りが上昇し、より効率よく配当金をもらえるようになります。

一部だけ売却する理由としては、累進配当を行っている企業の場合、そのうちに配当利回りが上昇してくるからです。

取得配当利回りが高いことも大切ですが、より効率良く投資ができるならそれに越したことはありません。株を売却して、別の高配当株を買うことで全体の配当利回りが上昇するなら、銘柄の入れ替えをすることも考えます。

基本的には、取得利回りを確認しつつ、配当利回りが3〜5%銘柄に入れ替えることを意識していくといいでしょう。

まとめ

株を売却したあとは、配当利回りを意識して銘柄を購入する

途中で手放すのはデメリットが大きい

株主優待の視点からも長期保有が有利な場合も多い

メリットを実感できるまで続けていこう

配当株投資は長期になればなるほど、もらえる配当金が増えるので、中途半端な状態でやめてしまうのはもったいないことです。

2章の58ページでも説明したように投資額にもよりますが、配当株投資はだいたい10年ほど続けると利益が実感できるようになってきます。そのメリットを受ける前にやめてしまうのは、非常にもったいないといえます。ほかの投資に目移りして、投資先を買えてしまうともらえる配当金のペースは下がり、保有している株を売ってしまうと配当金による収入はゼロになってしまいます。

せっかく時間とお金をかけて配当株投資をするなら、メリットを享受できるようになるまで続けていきましょう。最低限最初に決めた目標を達成するまでは、なにがあっても続けるという強い意志を持ちましょう。

株の長期保有は株主優待の視点でも有利

株を長期保有すると株主優待が豪華になることがあります。株主優待のなかには長期保有を条件としている企業もあります。

たとえば、イオンモール（8905）は、3年以上株を保有することで1000株以上なら2000円相当、2000株以上なら4000円相当といったように保有株数に応じてクオカードがもらえるようになります。

このような特典を手放してしまうのももったいないので、可能な限り株を保有し続け、配当株投資を続けていくようにしましょう。

長期保有することでもらえる株主優待

企業名	優待内容	株数
日本電信電話(9432)	【保有期間が2年に達した株主】1,500ポイント【保有期間が5年に達した株主】3,000ポイント	100株以上
オンモール(8905)	【保有期間が2年以上保有株主】株数に応じて2000円～1万円相当のクオカード	1000株以上
KDDI(9433)	【保有期間が5年以上保有株主】株数に応じて5000円～1万円相当のカタログギフト	100株以上
AVANTIA(8904)	【保有期間が1年以上保有株主】株数に応じて1000円～2000円相当のクオカード	100株以上
日本M&Aセンターホールディングス(2127)	【保有期間が1年以上保有株主】新潟県魚沼産コシヒカリ5kg	100株以上
明光ネットワークジャパン(4668)	【保有期間が3年以上保有株主】株数に応じて1500円～2500円相当のクオカード	100株以上
エスイー(3423)	【保有期間が3年以上保有株主】3000円相当の防災用品	1000株以上
松風(7979)	自社デンタル製品・ネイル製品の優待価格販売	100株以上
いちご(2337)	Jリーグ試合チケット(抽選)	100株以上

クオカードや食事券で浮いたお金を投資に回す

株主優待では、クオカードや食事券などの金券がもらえる場合があります。これらを使って浮いたお金を投資に使うことで、配当金の再投資と同じような効果を得られます。

たとえば、外食をしたときに4000円分の食事券を使ったときは、4000円分の現金が浮くわけですから、その金額分を投資するわけです。62ページで説明したように再投資をすることで、受け取られる利益を加速させることができるので、このような細かい再投資は大切です。

株主優待で銘柄を選ぶ必要はありませんが、株主優待が金券の場合は、再投資することを考えておきましょう。

まとめ

途中でやめるのは配当金と株主優待ともにもったいない

配当金コラム.5

企業の特徴を把握しておこう

なにが業績に影響を与えるのかを知ろう

世の中の動きによって企業の業績は変わります。業種や企業の特徴によってその影響はさまざまです。たとえば、資源価格高騰することで業績が良くなる企業もあれば悪くなる企業もあります。たとえば、商社は資源高で業績が良くなる代表格です。資源価格が高騰すれば業績が上がり、増配が期待できる一方で、資源価格が下落すれば逆に業績が悪くなり減配の可能性があります。

また、連続増配株でも、配当の原資になるはずのEPS（1株当たり利益）が上がらない状態だと、どこかで減配する可能性が考えられます。

このように、配当金の増減に関わる企業の特徴は掴んでおきましょう。

第6章

長期保有で高配当が期待できる銘柄

2023年8月時点で上場企業数は約3900社あります。そのなかから長期保有する銘柄を探すのは大変でしょう。そこでさまざまな観点から見て長期保有で高配当が期待できる12銘柄を紹介します。

オリックス（8591）

高配当利回りで人気のリース企業

法人向けリースをはじめさまざまな事業を展開する

オリックスはパソコンやコピー機などの法人向けリースをはじめ、金融や保険、環境エネルギー投資、プロ野球球団の運営など多方面に事業を展開している企業です。

さまざまな分野に進出し、また海外にも400以上の拠点を置いて事業を展開しており、経営的なリスクが低く安定した企業といえます。

業績面では、23年3月期の売上高は前期比5・8％増の2兆6663億7300万円、純利益は前期比12・5％減の2730億7500万円でした。一方、24年3月期の純利益は前期比20・8％増の3300億円となり、5期ぶりに過去最高益を更新する見通しです。

オリックスは配当利回りが高いことでも有名で、過去の配当実績を見ると2010年3月期から10期連続で増配をしていました。しかし、20年3月期は新型コロナウイルスの影響で配当額は前期比で「横ばい」の「1株あたり76円」となり、連続増配期間は残念ながら10期でストップすることとなりました。21年以降は再び連続増配をしており、23年3月期の決算短信によると、2024年3月期の予想配当は中間配当（9月）が「42・8円」、期末配当（3月）が「51・2円」で、合計の年間配当額は「1株あたり94円」となっています。

オリックスは配当について、「事業活動で得られた利益を主に内部留保として確保し、事業基盤の強化や成長のための投資に活用することにより株主価値の増大に努めてまいります。同時に、業績を反映した安定的かつ継続的な配当を実施いたします」としているため、減配リスクは低く、業績が好調ならこのまま増配を続けていくと考えられます。

オリックスは大型株なので、景気が悪化したときの影響が強い傾向があります。実際、リーマンショックや新型コロナウイルスの流行によって株価が急落しています。しかし、持ち前の安定した業績ですぐに立ち直る傾向があります。

人気の高かった株主優待は廃止

オリックスは配当以外に、オリックスグループが提供する各種サービスを割引価格で利用できる株主カードがもらえる株主優待も人気でしたが、２０２４年3月を最後に株主優待を廃止することが決まっています。

株主優待廃止の背景には、株主への公平な利益還元をするという思想があります。株主優待は国内向けのものが多く、海外投資家や機関投資家は有効活用できなかったため、不平等との批判がありました。そのため、オリックスは株主優待を廃止し、株主還元は配当金に集約するとの判断を下したというわけです。つまり、株主優待は廃止されるものの、その分配当金を増配する可能性が高いと考えられます。

もし、株主優待終了に合わせて業績が悪くなっていないのに株価が下落した場合は、積極的に買いに行くチャンスになるかもしれません。

オリックス(8591)

オリックス(8591)の株価の推移

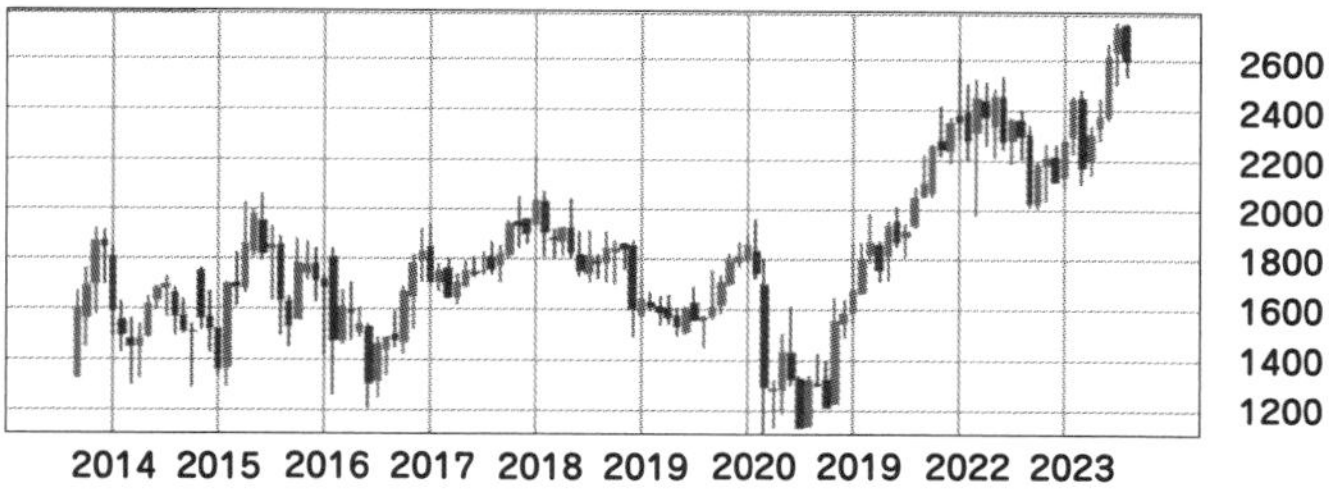

オリックス(8591)の配当金の推移

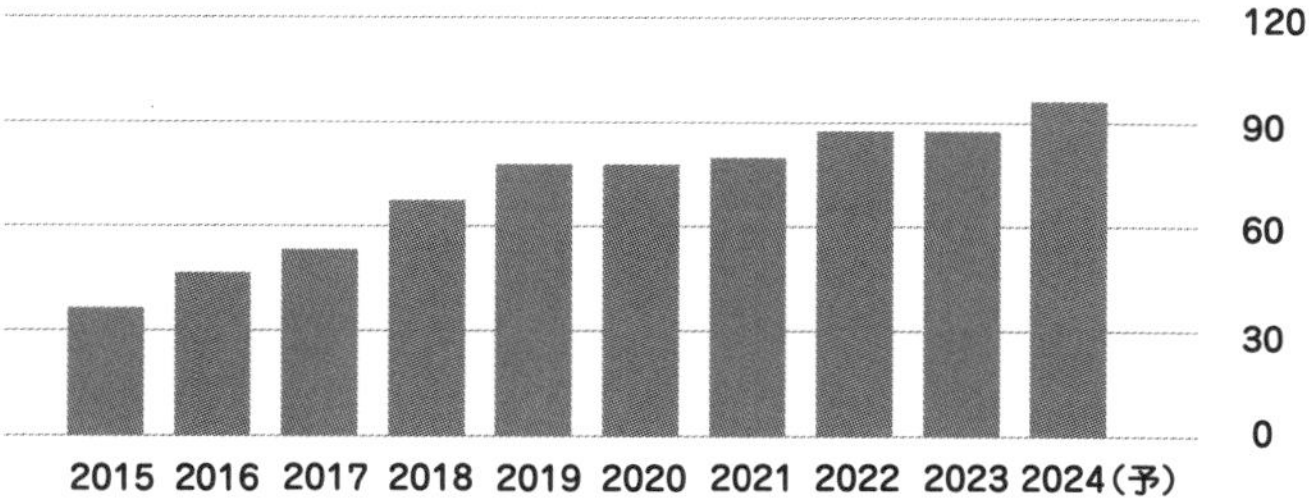

株価	2600円	配当利回り	3.62%
時価総額	3兆2106億円	1株配当	94.00円
年初来高値	2751円	PER	9.21倍
年初来安値	2092円	PBR	0.83倍

2023年8月11日時点のデータ

三菱ＨＣキャピタル（8593）

上場企業中第3位の連続増配記録を持つ

国内外に事業展開するリース会社

三菱ＨＣキャピタルは三菱ＵＦＪグループのリース企業大手です。２０２１年に三菱ＵＦＪリースと日立キャピタルが経営統合し、三菱ＨＣキャピタルが発足。21年3月期の総資産でオリックスに次ぐ業界2位の企業として誕生しました。

三菱ＵＦＪリースが強みとしていた国内事業と日立キャピタルが得意とする海外事業が合わさり、国内外に強い企業となりました。また、三菱グループと日立グループとの連携もあり、リース以外にも環境関連サービスや不動産関連サービスなども展開しているので、事業面で安心感があります。

業績も好調で、経営統合後の売り上げは約2倍にまで伸び、24年3月期の純利益が前期比3.2％増の1200億円を見込んでおり、3期連続で過去最高益を更新する見通しとなっています。営業利益率はコロナの影響で下落したものの2023年以降回復しつつあります。

国内3位の連続増配記録を持つ

三菱HCキャピタルの配当金は、23年3月期の決算短信によると、24年3月期の予想配当は中間配当（9月）が「18円」、期末配当（3月）が「19円」、合計の年間配当額は「1株あたり37円」となっています。これが実現すれば、25期連続増配を達成することになります。三菱HCキャピタルが持つ24期連続増配という記録は上場企業のなかでも第3位にランクインしています。

今後の配当金については、「2023～2025年度中期経営計画」において、配当方針として「配当性向40％以上」を掲げているので、2025年も業績が好調なら増配が期待できます。ちなみに、増配が始まる99年3月期から24年3月期までの25年間で、年間配当額は

「1株あたり0・8円」から「1株あたり37円」まで増配しており約46倍にもなっています。

過去10年間の配当金を振り返ってみると、18年3月期は約40％もの増配をしており、10年間を通して3倍以上の増配をしています。

業績がこの調子で伸び続ければ、さらなる連続増配記録も期待できるオススメ銘柄といえます。

三菱HCキャピタル（8593）

三菱HCキャピタル（8593）の株価の推移

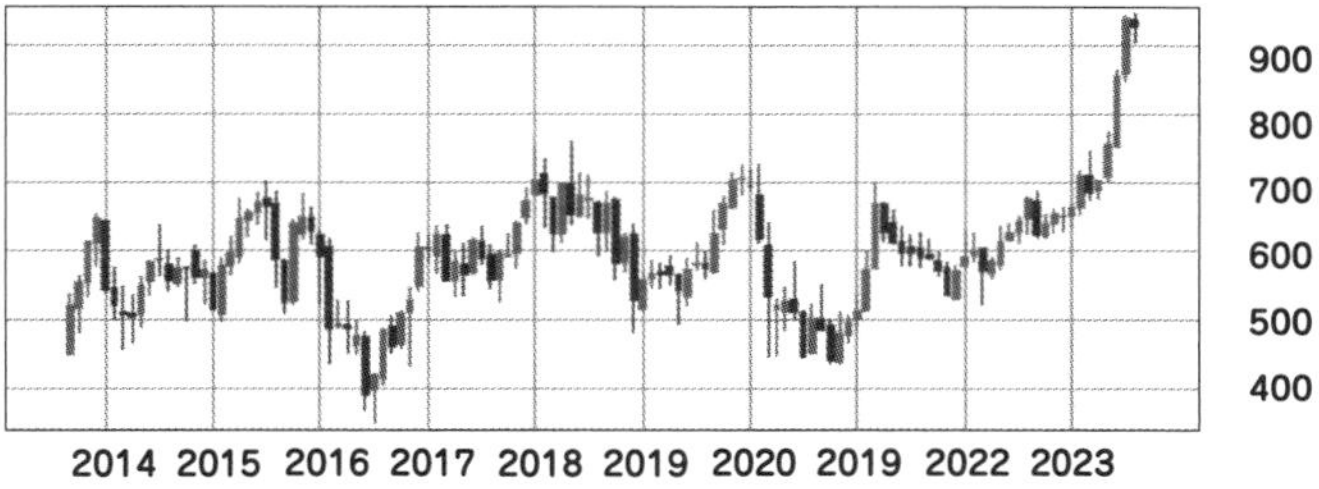

三菱HCキャピタル（8593）の配当金の推移

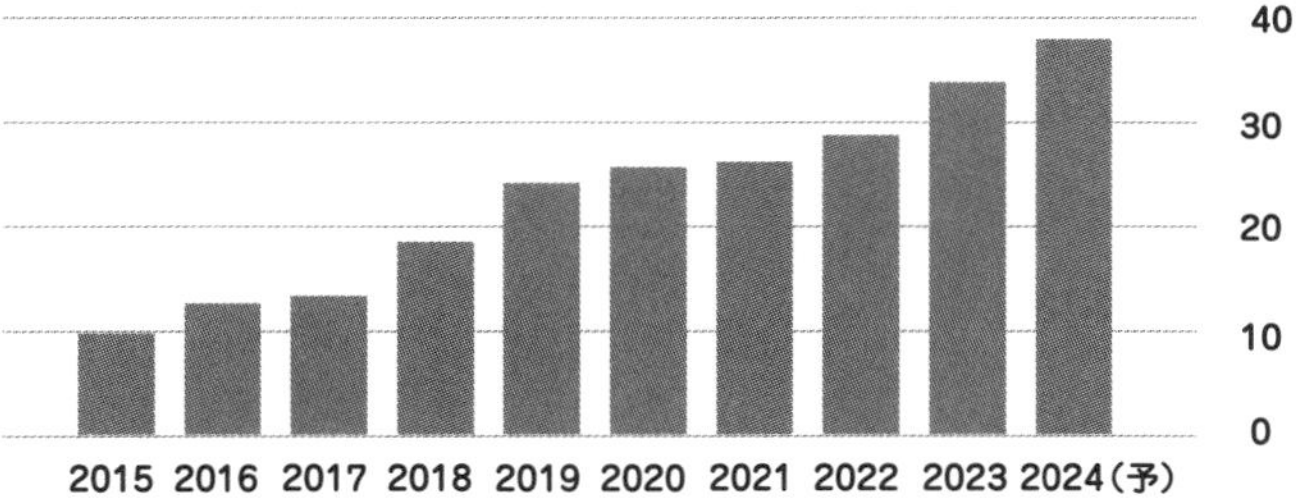

株価	928.6円	配当利回り	3.98%
時価総額	1兆3621億円	1株配当	37.00円
年初来高値	947円	PER	11.11倍
年初来安値	635円	PBR	0.87倍

2023年8月11日時点のデータ

山陰合同銀行（8381）

2023年度から累進配当を適用

累進配当を実施する地方銀行

山陰合同銀行は山陰地方で最大規模の地方銀行です。「ごうぎん」の愛称で親しまれ、山口県を除く山陰地方や大阪府、東京都などで約80店舗を展開しています。地方銀行はビジネスモデルに難があるものの、高配当かつ株主優待も魅力的で、ＰＢＲが低いので割安で買うことができます。

山陰合同銀行は２０２３年５月に累進配当を24年３月期から導入することを発表しました。また、24年３月期の年間配当は前期比２円増の36円となる見込みです。

山陰合同銀行は業績面も好調で、２０２３年度は企業の売り上げにあたる「経常収益」

が前年度から18・4％増えて1126億円、純利益は6・7％増の154億円と過去最高を更新し、2期連続の増収増益となっています。また、24年3月期の純利益も3・5％増の160億円を見込んでおり、これが実現すれば3期連続の増益をなります。

配当利回り＋株主優待が魅力的

山陰合同銀行は累進配当を導入することで高い配当利回りを維持できる期待感があります。2023年8月現在で配当利回りは4％を超える高配当なので、この配当金が維持されるなら心強い利益になります。

また、山陰合同銀行は増配意識も高く、14年3月期に11円だった1株あたり配当金が24年3月期には36円を見込んでおり、これが実現すれば10年で3倍以上の増配をしたことになります。

さらに、株主優待も魅力的なものになっています。1000株以上を1年未満保有していれば、1000株以上5000株未満なら5000円相当の島根県、鳥取県の特産品、

5000株以上なら1万円相当の特産品がもらえます。

地銀株価割安株の宝庫

地方銀行の特徴としてPBRが低く割安で手に入れやすいという特徴があります。山陰合同銀行も例にもれず、2023年8月現在のPBRは0・43倍と非常に割安を示しています。配当&株主優待が魅力的で、地方銀行とはいえ業績も好調な山陰合同銀行、累進配当も導入、将来的な配当金にも期待が持てるので、候補のひとつとして考えてみてはいかがでしょうか。

山陰合同銀行（8381）

山陰合同銀行（8381）の株価の推移

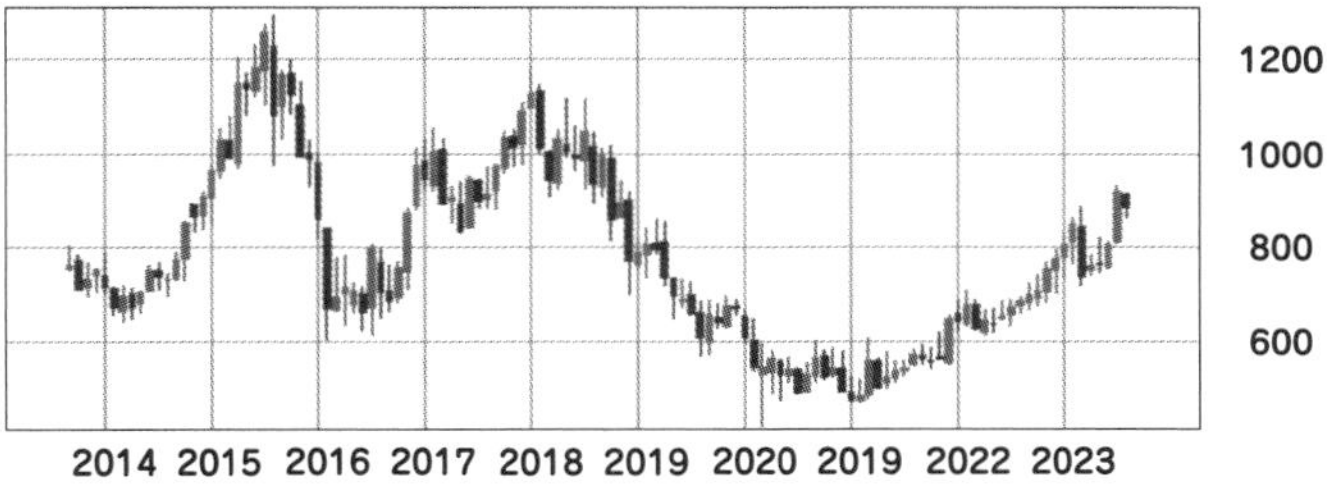

山陰合同銀行（8381）の配当金の推移

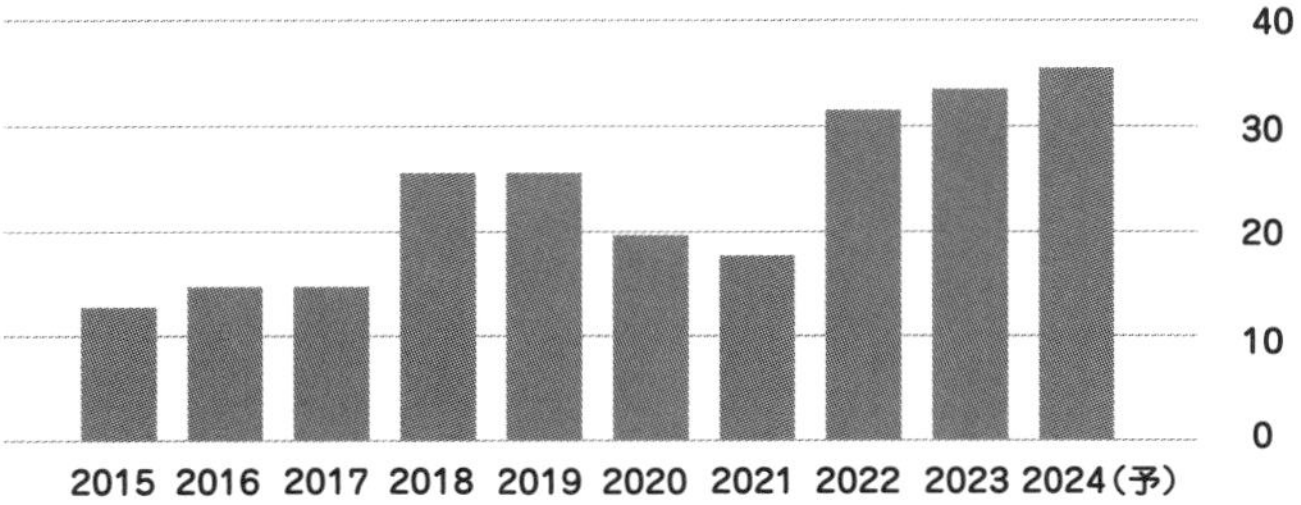

株価	885円	配当利回り	4.07%
時価総額	1389億円	1株配当	36.00円
年初来高値	933円	PER	8.53倍
年初来安値	718円	PBR	0.43倍

2023年8月11日時点のデータ

東京海上HD（8766）

保険業界業界最大手の高配当企業

3メガ損保の一角

東京海上HDは「MS＆ADホールディングス」と「SOMPOホールディングス」とともに「3メガ損保」と呼ばれる損保業界トップの企業です。東京海上日動火災保険などを傘下に置き、海外展開にも力を入れています。

業績面は、23年3月期は売り上げは上昇しているものの経常利益は5039億円で前期比11・2%減益でした。しかし、ライバル企業が本業である保険事業で赤字に転落するなか、1000億円を超える利益を叩きだしているというポジティブ材料があります。また、24年3月期の経常利益は7500億円で前期比48・8%増を予想しています。

大幅に増配している企業

配当面では、23年3月期の決算短信によると、24年3月期の予想配当は中間配当（9月）が「60・5円」期末配当（3月）が「60・5円」で、合計の年間配当額は「1株あたり121円」で予想されています。23年3月期の配当金は「100円」だったので、21円の増配になる見込みです。この増配が実現すれば、4期連続の増配になります。

東京海上HDは、13年3月期から7期続けて増配していましたが、20年3月期に新型コロナウイルス流行の影響もあり、減配してしまいました。ですが、現在では減配前の配当金以上になっています。

過去10年の配当金の推移をみると、14年3月期の1株配当は「23・33円」だったので、10年で約5倍にまで増配しています。14年3月期当時の配当利回りは2・26%だったので、仮に10年持ち続けていれば取得利回りは10%を超える計算になります。

株式分割により手に入りやすくなった

東京海上HDは2022年9月に1株を3株に割る「株式分割」を行いました。

株式分割とは、1株を複数の株に分割して、発行済みの株の数を増やすことです。株数が3倍になるため、株価が下がり、配当金も3分の1になりますが、保有する株数も3倍になります。株式分割が行われると、株価が下がり、購入のための必要資金が減るので初心者でも買いやすい価格帯になりやすいです。

損保業界は、災害があると保険金支払いのために利益を著しく減らしてしまうリスクはありますが、通常時は安定して業績が狙える企業なので、配当株投資にオススメできる株といえます。

東京海上ホールディングス(8766)

東京海上ホールディングス(8766)の株価の推移

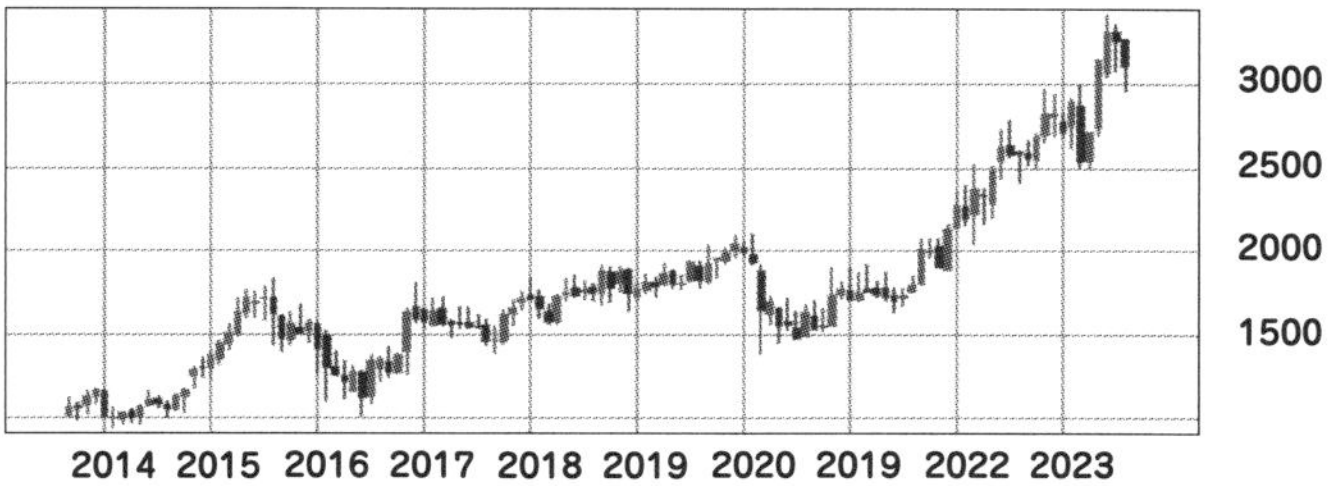

東京海上ホールディングス(8766)の配当金の推移

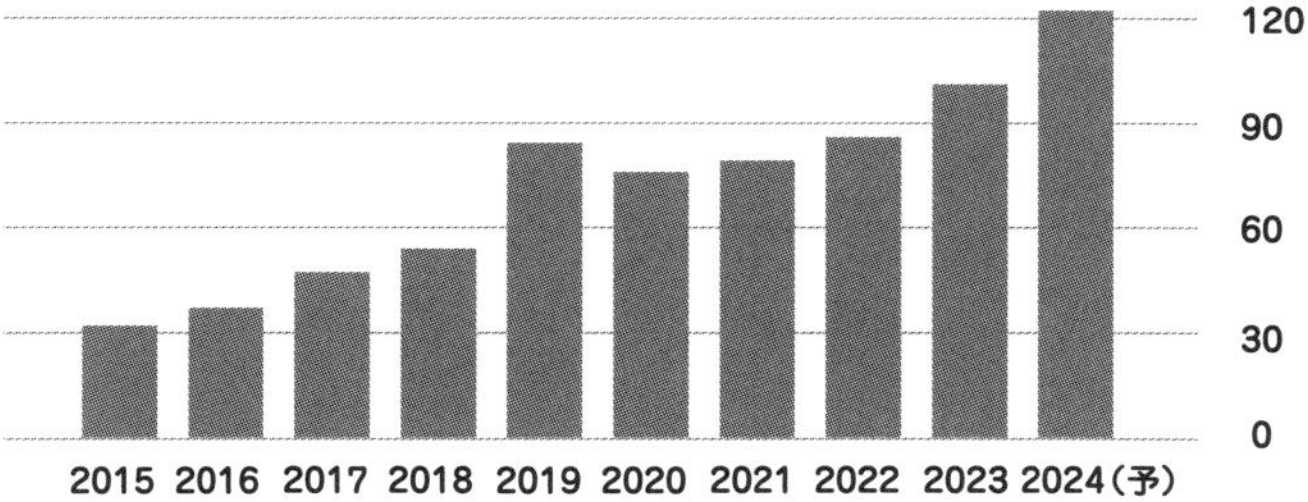

株価	3088円	配当利回り	3.89%
時価総額	6兆2257億円	1株配当	121.00円
年初来高値	3421円	PER	11.66倍
年初来安値	2511円	PBR	1.55倍

2023年8月11日時点のデータ

ＫＤＤＩ（9433）

配当額が22年で46倍に増加

大手通信サービス企業

ＫＤＤＩは「ａｕ」ブランドを中心とした携帯事業をはじめ、固定電話、インターネット、データ通信など、幅広い通信サービスを提供している企業です。通信サービス以外にもじぶん銀行やａｕカブコム証券などの金融事業にも力を入れています。

ＫＤＤＩの業績は好調で、23年３月期の連結売上高は、前期比で４・１％増の５兆６７１８億円で、営業利益は前年比１・６％増の１兆７７４億円となり、22期連続増益を達成しています。24年３月期は、売上高５兆８０００億円、営業利益は１兆８００億円を予想しています。

今後も増配が期待できる

23年3月期の決算短信によると、24年3月期の予想配当は中間配当（9月）が「70円」、期末配当（3月）が「70円」、合計の年間配当額は「1株あたり140円」となっています。23年3月期の配当金は「1株あたり135円」だったので、5円の増配となっています。KDDIは連続増配株のひとつであり、24年3月期の増配が実現すれば、22期連続増配を実現することになります。

02年3月期時点では1株あたり約2・9円の配当金でした。24年には「1株あたり140円」まで増配する予定なので、22年で46倍まで増える計算になります。また、直近10年での増配を見ても3倍以上の増配を行っています。

また、KDDIの配当方針は、「配当性向40％超と利益成長に伴うEPS成長の相乗効果により、今後も、持続的な増配を目指します」としているので、業績次第で今後も増配が期待できます。

保有株数と期間によって変わる株主優待

ＫＤＤＩは株主優待も実施しており、「保有株式数」と「保有期間」に応じて、「カタログギフト」がもらえます。

100株以上999株未満を5年未満保有で、3000円相当、1000株以上を5年未満か、100株以上999株未満を5年以上保有で5000円相当1000株以上を5年以上保有すると1万円相当のカタログギフトがもらえます。

保有期間が長ければ長いほど、株主優待の内容が豪華になるため、長期投資である配当株投資との相性が良いといえます。

KDDI（9433）

KDDI（9433）の株価の推移

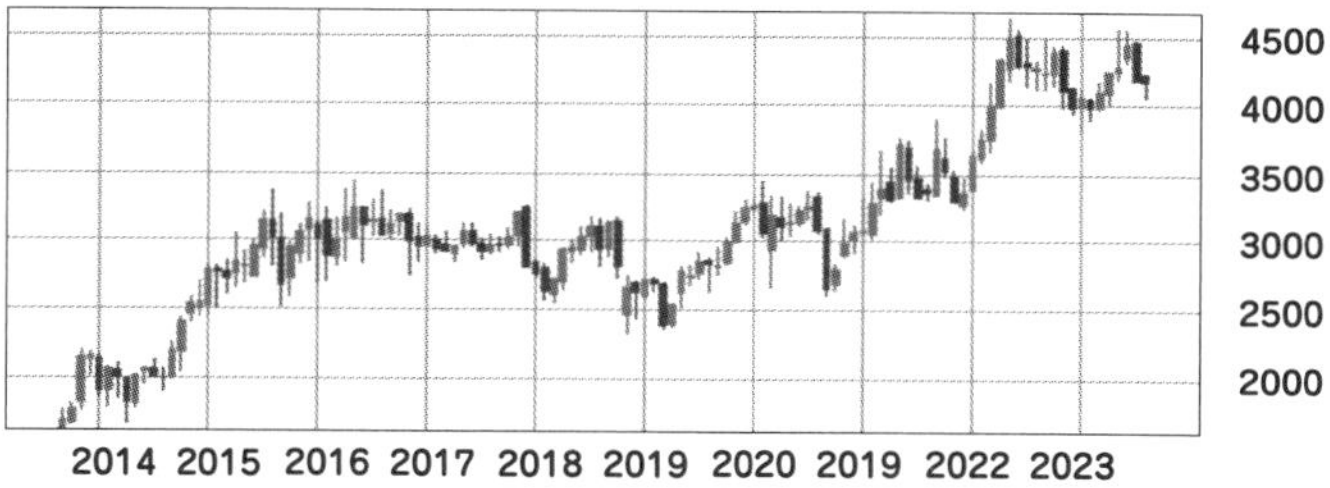

KDDI（9433）の配当金の推移

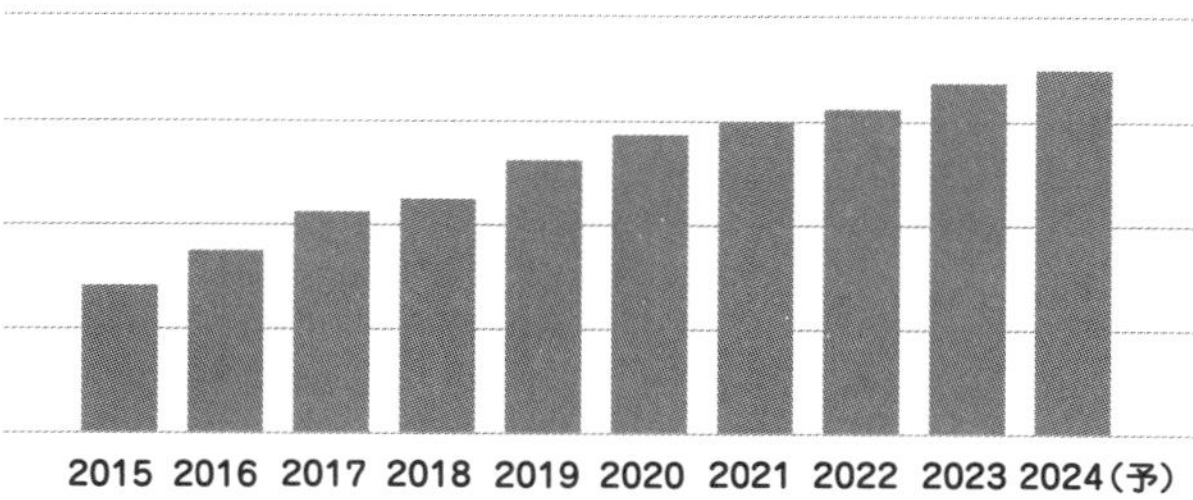

株価	4177円	配当利回り	3.35%
時価総額	9兆6184億円	1株配当	140.00円
年初来高値	4650円	PER	13.25倍
年初来安値	3825円	PBR	1.73倍

2023年8月11日時点のデータ

長谷工コーポレーション（1808）

配当の下限を80円に設定している

業界トップの大手ゼネコン企業

長谷工コーポレーションは関東地方でのマンション開発を中心とした大手ゼネコンです。マンション建設では業界トップで日経平均株価にも組み込まれています。自社開発物件以外にも、住友不動産、野村不動産、三井不動産レジデンシャル、三菱地所レジデンスなど同業デベロッパーが売主となるマンション建設も行っています。

業績面では、売上高と営業利益が2期連続で増収増益となっています。一方で24年3月期の売上高は527・3億円増の増収を予想しているものの、営業利益は21・6億円減の減益予想となっています。

株主への還元意識が高い

長谷川コーポレーションは22年3月期から配当金の下限を80円に設定しており、24年3月期もこれを継続し、予想配当は中間配当（9月）が「40円」、期末配当（3月）が「40円」、合計の年間配当額は「1株あたり80円」となっています。

20年3月期に発表された「中期計画」で25年3月期までの期間限定であるものの配当金の配当金の下限設定をしている点は、好感が持てます。また、22年3月期には、下限設定を70円から80円に引き上げるなど株主還元への積極姿勢が感じられます。また、配当性向は40％程度に設定しているので、業績次第では増配も期待できます。

この株主還元の方針が続くのであれば、25年以降の配当金にも期待ができます。

過去10年の配当金の推移をみてみると、14年3月期の配当金は「3円」だったので、24年3月期の「80円」と比べると16倍にまで増配しています。

割引券などの株主優待も実施

長谷工コーポレーションは100株以上を保有する株主に対して株主優待も実施しています。株主優待は複数あり、長谷工リフォームの室内リフォームの3％割引券、長谷工リアルエステートでの不動産売買の仲介手数料（税抜）10％割引、長谷工シニアウェルデザインが運営する高齢者住宅・有料老人ホームの前払金の3％割引から選択になります。

そのほかにも、商品割引販売として、お米やコラボ商品の割引券などもあります。

長谷工コーポレーションは株主還元の意識が高く、今後も期待できる企業のひとつと言えます。

長谷工コーポレーション（1808）

長谷工コーポレーション（1808）の株価の推移

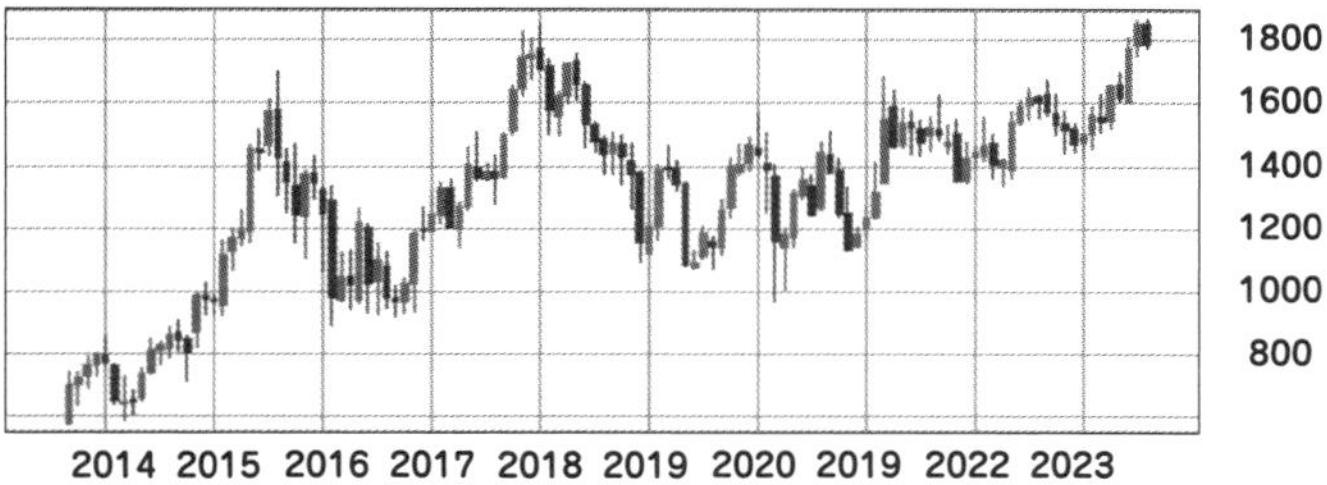

長谷工コーポレーション（1808）の配当金の推移

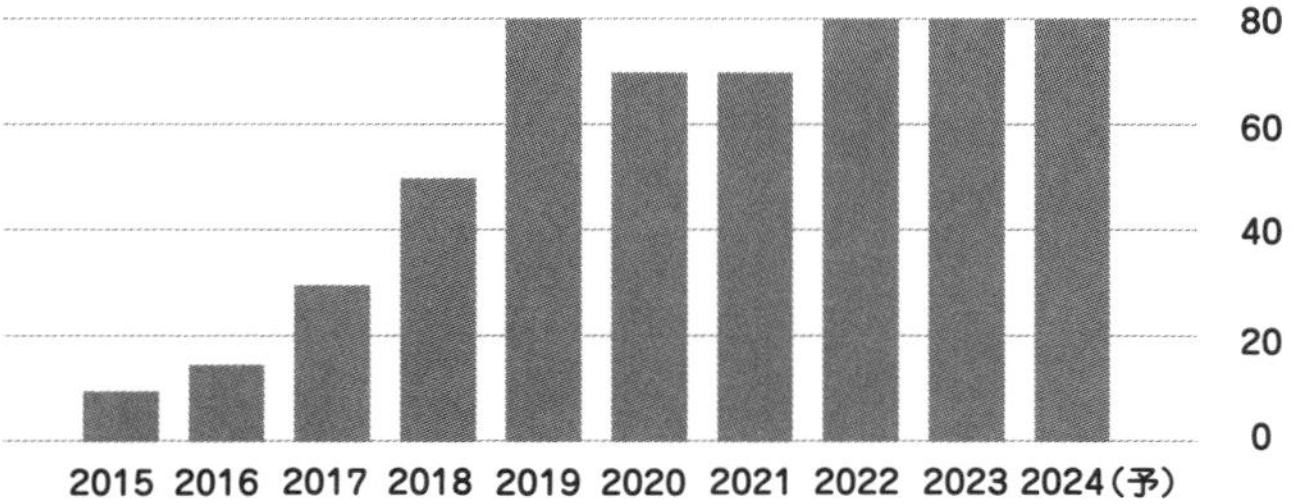

株価	1783.5円	配当利回り	4.49%
時価総額	5364億円	1株配当	80.00円
年初来高値	1866円	PER	8.76倍
年初来安値	1427円	PBR	1.05倍

2023年8月11日時点のデータ

三菱商事（8058）

配当金が10年で3倍に増加

創業以来初となる純利益1兆円超

三菱商事は三菱グループに属する大手総合商社です。世界約90の国・地域に拠点を持ち、「ローソン」などの優秀な子会社も持ちます。同業界の伊藤忠商事とは抜きつ抜かれつの関係で、業界全体をけん引しています。

業績面は新型コロナウイルス流行の影響で、2020～2021年は大きく売り上げを落としていましたが、2022年以降は盛り返しており、23年3月期の売上高は前期比25％増の21兆5719億円純利益は前期比26％増の1兆2806億円になり、初の1兆円超えになりました。一方、24年3月期は市況のピークアウトを受けて減益を予想しています。

累進配当を継続することを明言

配当面では、24年3月期の予想配当は中間配当（9月）が「100円」、期末配当（3月）が「100円」、合計の年間配当額は「1株あたり200円」となっています。23年3月期は「1株あたり180円」だったので20円の増配になりました。三菱商事は17年3月期以降増配を続けており、24年3月期も増配されれば、8期連続で増配する見通しです。

三菱商事は23年度以降の株主還元について、「総還元性向40％程度を目処に、株主還元を実施する方針」としています。また、2022年度に開始した「中期経営戦略2024」において「累進配当」の方針を継続することを明言しています。

過去10年の配当金の推移をみてみると、14年3月期の配当金は68円だったので、24年3月期の「200円」と比べると約3倍にまで増配しています。また、16年には、資源価格の下落により減収減益となり、減配した過去もあります。ただし、翌年には元の水準以上に戻っています。

配当利回りが下がってきているのでタイミングを見極める

23年3月期は資源価格の高止まりや円安の追い風を受け、大きく業績を伸ばしています。さらに、配当利回りが優秀なこともあり、23年8月現在は株価がやや高くなっています。

その影響もあり、配当利回りが2・78％と高配当株としては物足りないものとなっています。現在の株価や配当利回りの状況では、三菱商事以外の株で資金運用することをオススメしますが、累進配当を掲げているので今後増配する可能性が高いです。

株価が下がるか増配によって配当利回りが3％を超えたら三菱商事を投資対象にすると良いでしょう。

三菱商事（8058）

三菱商事（8058）の株価の推移

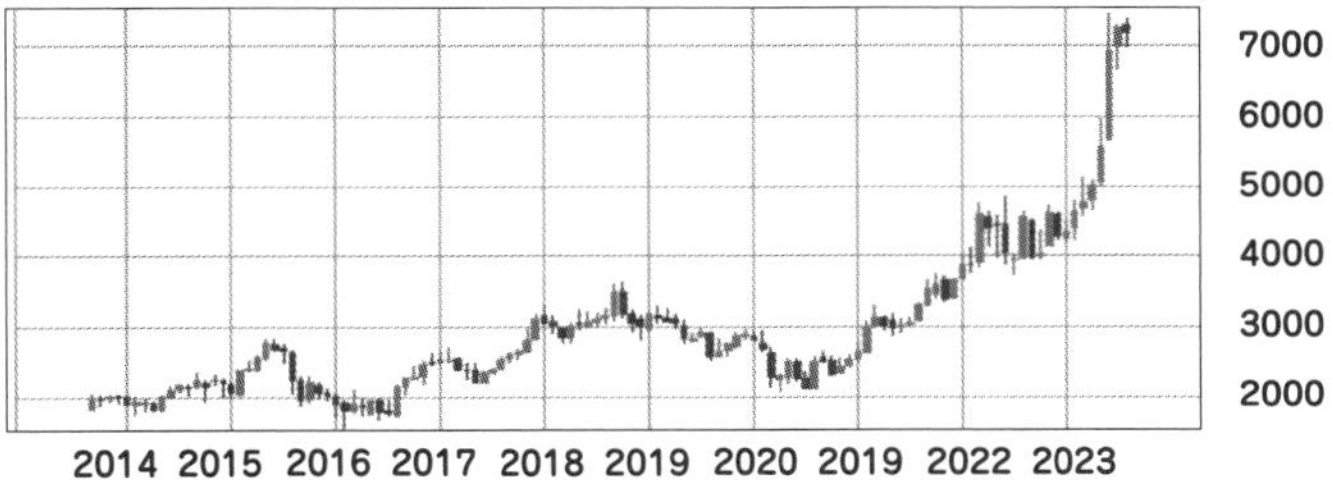

三菱商事（8058）の配当金の推移

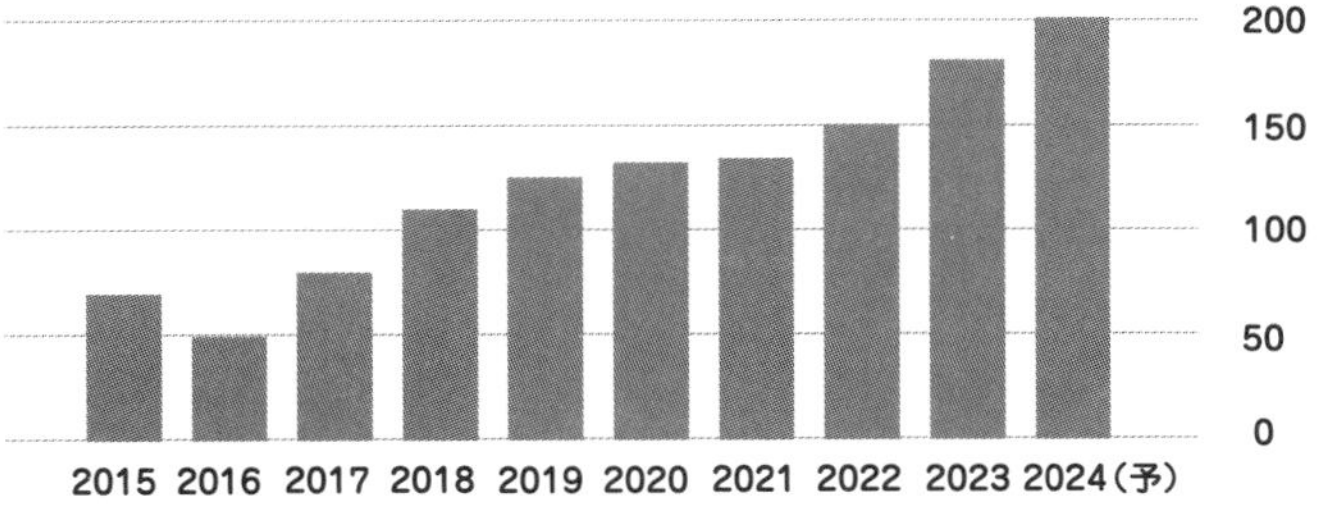

株価	7189円	配当利回り	2.78%
時価総額	10兆3341億円	1株配当	200.00円
年初来高値	7455円	PER	11.11倍
年初来安値	4194円	PBR	1.19倍

2023年8月11日時点のデータ

伊藤忠商事（8001）

株主還元意識があり、今後も累進配当が期待できる

非資源分野に強みを持つ大手総合商社

伊藤忠商事は、業界ナンバー2の大手総合商社で、非資源分野に強いのが特徴です。同業他社の非資源分野の割合は高くても半分程度ですが、伊藤忠商事の非資源分野は7割程度を占めています。そのため、他社に比べ資源価格の影響を受けにくいという特徴があります。

23年3月期の売り上げは2期連続で増収となる業績をあげています。売上高が、前期比13・4%増の13兆9456億円の一方で、純利益は8005億円と前期比2・4%減だったものの、2期連続で8000億円超を達成しています。

24年3月期も純利益は前期比2・4%減の減益を予想しています。

株主意識が強く増配が期待できる

配当面では、24年3月期の予想配当は中間配当（9月）が「80円」、期末配当（3月）が「80円」、合計の年間配当額は「1株あたり160円」を予想しています。23年3月期は、「1株あたり140円」だったので20円の増配になりました。伊藤忠商事は16年3月期以降増配を続けており、24年3月期も増配されれば、9期連続で増配する見通しです。

伊藤忠商事は、配当金と自社株買いを合わせた総還元性向40%を目途にしています。また、期中上方修正時には追加還元を行う可能性もあるので、業績次第では、さらなる増配も期待できます。

過去10年の配当金の推移をみてみると、14年3月期の配当金は46円でした。24年3月期の「160円」と比べると約3・5倍にまで増配しています。2021年度～2023年度の中期経営計画では、23年度までは配当性向30%のコミットメント、累進配当継続を明言しており株主還元意識を感じられます。

株価が上昇し配当利回りは若干物足りない現状

伊藤忠商事も三菱商事と同様に、株価が上昇しています。23年8月現在の配当利回りは2・78%と高配当株としては少し物足りない数字です。

三菱商事と同様に累進配当を意識している企業なので、株価が下落するか増配によって配当利回りが上がるまではほかの高配当株に資金を回したほうがいいでしょう。

株価が上昇している背景には総合商社全体の業績が好調なことや、アメリカの著名投資家であるウォーレン・バフェット氏が、総合商社株を買い増していく方針を明らかにしていることなどがあります。総合商社株が注目されている現状なので、熱気が少し収まるタイミングまで待つと良いでしょう。

伊藤忠商事（8001）

伊藤忠商事（8001）の株価の推移

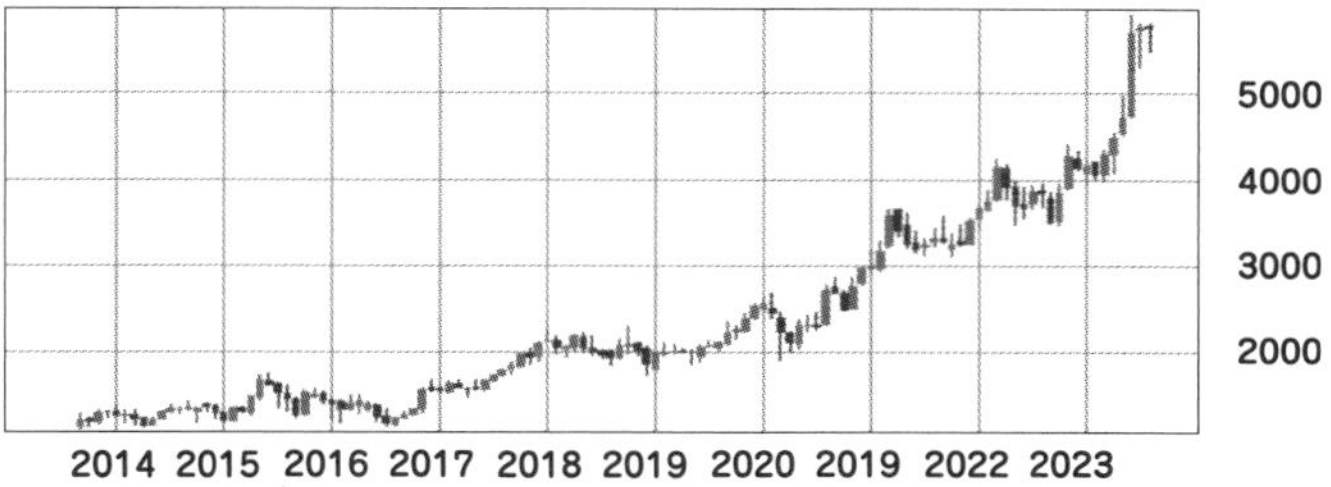

伊藤忠商事（8001）の配当金の推移

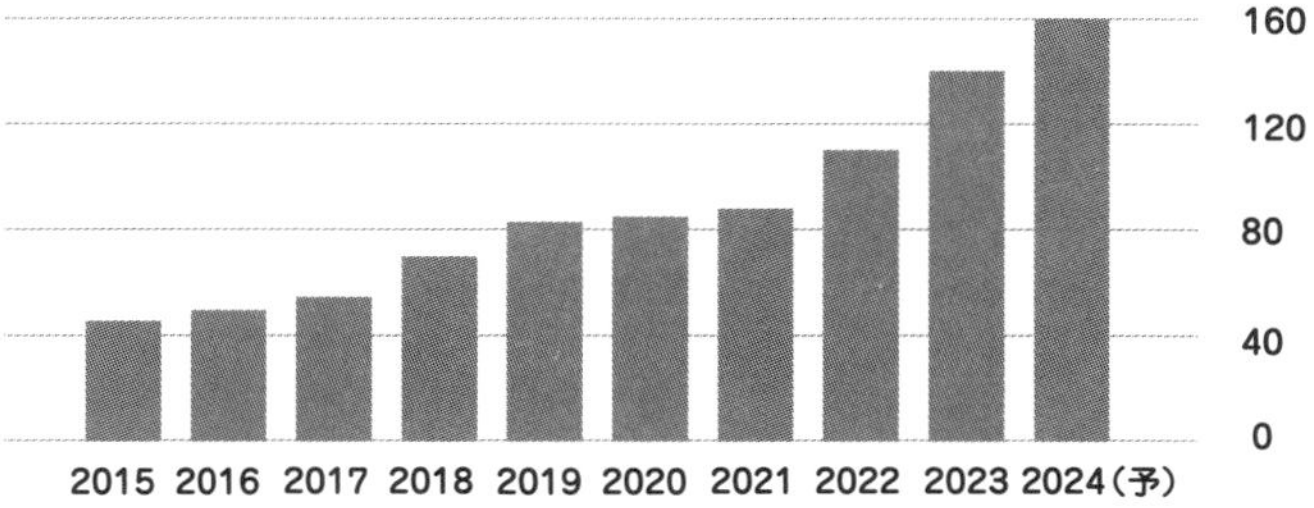

株価	5751円	配当利回り	2.78%
時価総額	9兆1147億円	1株配当	160.00円
年初来高値	5900円	PER	10.73倍
年初来安値	3947円	PBR	1.64倍

2023年8月11日時点のデータ

三井住友FG（8316）

累進配当を明言している大手金融持株会社

業界2位の大手金融会社

三井住友FG（フィナンシャルグループ）は、三井住友銀行などを傘下に置く三大金融グループのひとつです。銀行業界2位のシェアが強みで、総資産は業界で断トツのトップとなっています。また、傘下の三井住友銀行はメガバンクの中でも経費の割合が低く、効率的に収益を上げているのが特徴です。安定した業績が期待できる企業のひとつといえます。

23年3月期の売上高は前期比49・4%増の6兆1421億円、純利益は、14%増の8058億円と2期連続の増収増益となりました。24年3月期も増益を予想しており、過去最高水準の業績を目指す方針です。

配当性向40％を維持する姿勢を見せる

24年3月期の予想配当は中間配当（9月）が「125円」、期末配当（3月）が「125円」、合計の年間配当額は「1株あたり250円」を予想しています。23年3月期の「1株あたり240円」だったので10円の増配になりました。三菱商事は22年3月期以降増配を続けており、24年3月期も増配されれば、3期連続で増配となる見通しです。

三井住友FGの自社サイトにおいて、「累進的配当方針および配当性向40％を維持し、ボトムライン収益の成長を通じて増配を実現してまいります。」と明言しているので、業績が上がれば上がるほど増配の期待が持てます。

過去10年の配当金の推移をみてみると、14年3月期の配当金は120円でした。24年3月期の「240円」と比べるとちょうど2倍にまで増配しています。また、過去10年以上一度も減配したことがないので、業績の好調さと合わせて安心感があります。ちなみに、2020年には配当利回りが7％を超えることもありました。

株価はやや高いが優秀な高配当株

三井住友FGは新型コロナウイルス流行の影響で業績が悪化した21年3月期も減配することなく、累進配当を続けていたので、減配リスクもかなり低いと考えられます。

高配当株として優秀ですが、単元株は2023年8月現在、約65万円なので、敷居が高く感じるかもしれません。株価は上昇傾向にあり、来期も増益も目指しているのでさらなる株価上昇も考えられます。

まずは少額での投資を考えるのであれば、単元未満株などを利用して分割で購入していくのもいいでしょう。いずれにしても、業績、配当利回りともに魅力的な企業なので、オススメできる企業といえます。

三井住友FG（8316）

三井住友FG（8316）の株価の推移

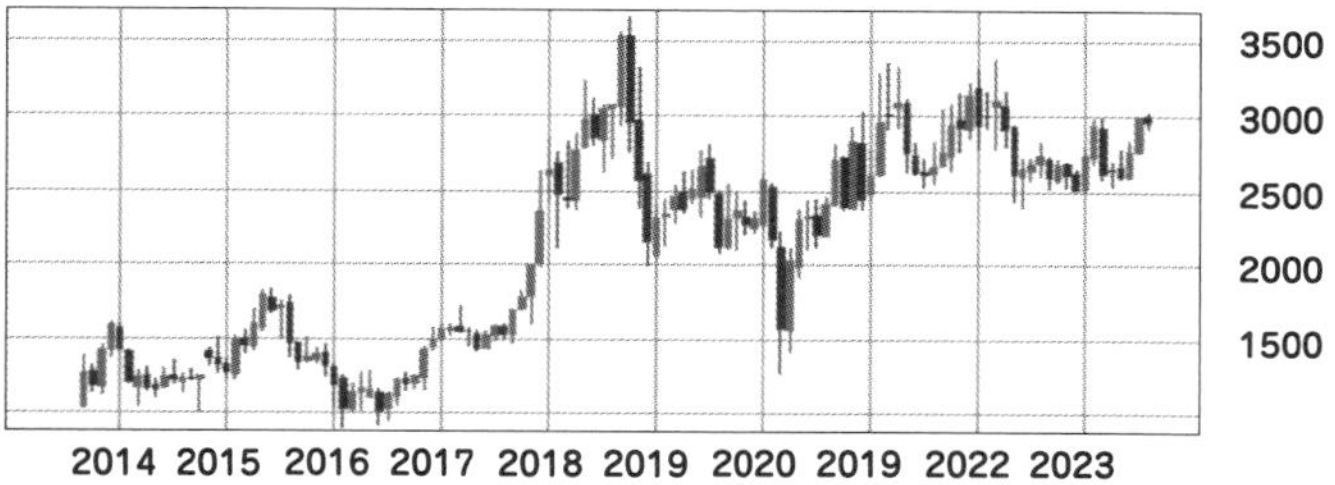

三井住友FG（8316）の配当金の推移

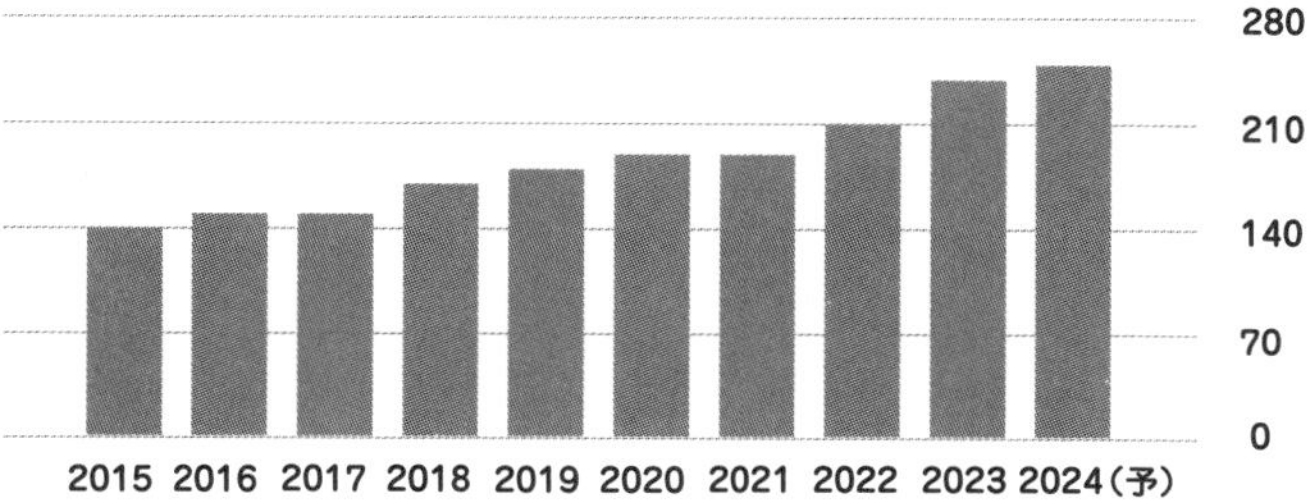

株価	6440円	配当利回り	3.88%
時価総額	8兆6136億円	1株配当	250.00円
年初来高値	6771円	PER	10.49倍
年初来安値	4997円	PBR	0.65倍

2023年8月11日時点のデータ

日本電信電話（９４３２）

株式分割によって手に入りやすい株価になった

34期連続増収を達成した国内通信キャリア最大手

ＮＴＴ（日本電信電話）は、ＮＴＴドコモやＮＴＴ東日本、ＮＴＴコミュニケーションズ、ＮＴＴデータなどを傘下に持つ国内通信キャリア最大手の企業です。２０２０年12月に、ＮＴＴドコモを完全子会社化し、安定した経営をしています。

売上高は前期比３６・８％増の３兆４９０１億円、営業利益は前期比21・９％増の２５９１億円と好調です。英ＮＴＴリミテッドを２０２２年10月に事業統合したことや円安の影響が売上高を押し上げており、なんと34期連続の増収となっています。24年3月期も増収増益を狙っており、富士通を抜き国内最大手を視野に入れています。

業績が好調なので増配が期待できる

24年3月期の予想配当は中間配当（9月）が「2・5円」、期末配当（3月）が「2・5円」、合計の年間配当額は「1株あたり5円」を予想しています。23年3月期の「1株あたり4・8円」だったので0・2円の増配になりました。NTTは12年3月期以降増配を続けており、24年3月期も増配されれば、12期連続で増配する見通しです。

NTTは自社サイトにおいて「株主還元の充実は、当社にとって最も重要な経営課題の1つであり、継続的な増配の実施を基本的な考え方」としており、株主還元の意識が高く、現状の業績の好調さを見る限り、今後も増配が期待できます。また、自社株買いにも積極的で、11年以降毎年行っています。

過去10年の配当金の推移をみてみると、14年3月期の配当金は1・7円でした。24年3月期の「5円」と比べると約3倍にまで増配しています。また、過去10年以上一度も減配したことがなく、03年度と比べると配当金は10倍まで増配しています。

株式分割によって買いやすい株価に

ＮＴＴは23年7月1日付で1株を25株に分割する株式分割を行いました。これにより、株価が大幅に下がりました。株式分割前は1単元を買うのに40万円超必要でしたが、2023年8月現在は1万6000円程度と手が出しやすい価格となっています。

また、ＮＴＴは株式保有の期間に応じてDポイントの進呈を実施しており、100株以上を3年以上4年未満保有で1500ポイント、5年以上6年未満保有で3000ポイントもらえます。継続的な特典ではないもののうれしい特典といえます。

NTT（9432）

NTT（9432）の株価の推移

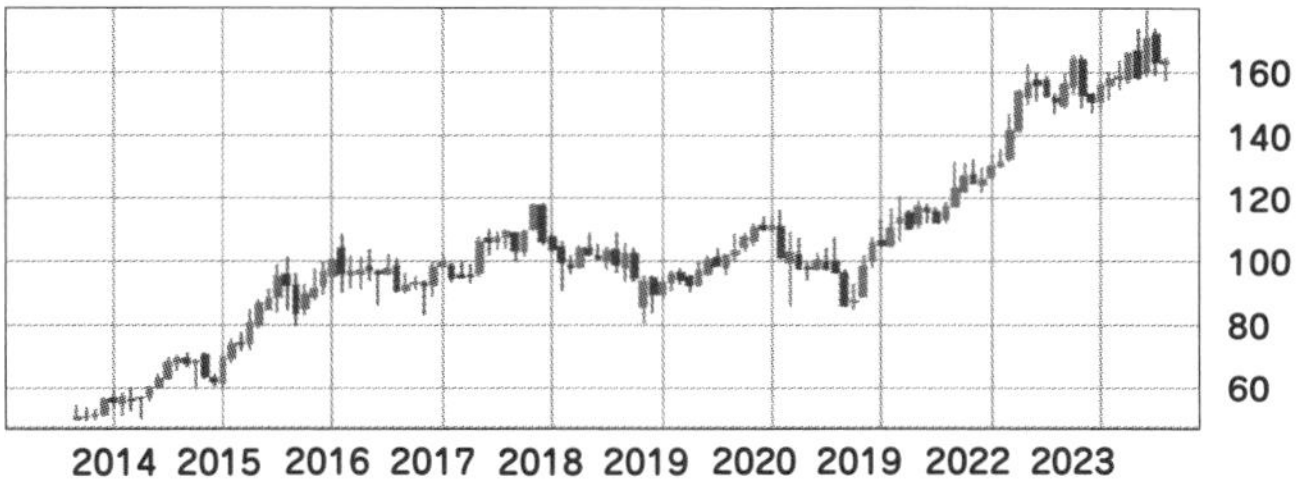

NTT（9432）の配当金の推移

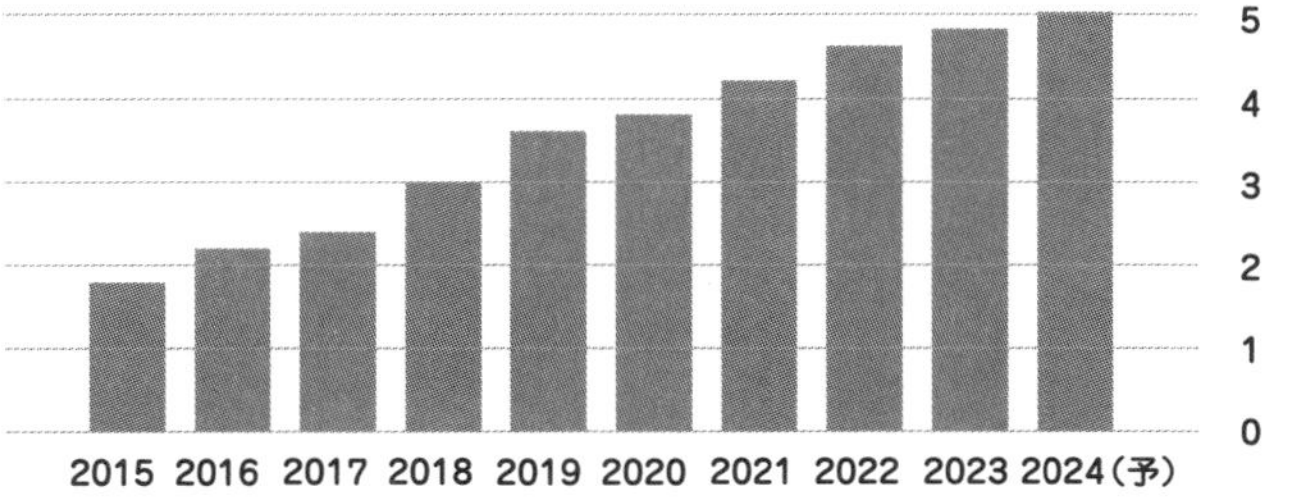

株価	163.6円	配当利回り	3.06%
時価総額	41兆8140億円	1株配当	5.00円
年初来高値	179円	PER	11.11倍
年初来安値	148円	PBR	1.56倍

2023年8月11日時点のデータ

武田薬品工業（4502）

30年以上非減配を貫いている

業界トップの売上高を持つ製薬会社

武田薬品工業は大手の医薬品メーカーです。売上高は国内製薬会社の中でトップを誇っています。18年にシャイアーを買収したことで、世界でも上位の売上規模になっています。

業績は、23年3月期の売上高は前期比12・8％増の4兆2775億円、純利益は37・8％増の3170億1700万円でした。一方、24年3月期の純利益は前期比55・2％減の1420億円を予想しています。この減益の要因としては注意欠陥・多動性障害（ADHD）治療薬「ビバンセ」など大きな売り上げをあげる大型薬の特許切れや新型コロナウイルスの収束にともない、コロナワクチンの売り上げ減が減益要因となっています。

安定した配当を実施する

配当面では、24年3月期の予想配当は中間配当（9月）が「94円」、期末配当（3月）が「94円」、合計の年間配当額は「1株あたり188円」を予想しています。23年3月期の「1株あたり180円」だったので8円の増配になりました。

武田薬品工業は30年以上一度も減配しておらず、安定した配当が魅力です。24年3月期の増配は15年ぶりとなり、今後は毎年、配当金を増額または維持する方針も明らかにしています。

武田薬品工業は業績に関わらず、年間180円の配当を維持する方針を貫いていました。2022年5月に行われた決算説明会でも増税について説明を求められたときに、「資本配分方針の変更は考えていない」と発言をしていました。しかし、23年3月期の決算資料では成長と株主還元へのコミットメントという項目が作られ、株主還元の意識の高さをアピールしていることが感じ取れます。

25年以降の臨床実験結果に期待

純利益が大幅に減益するにも関わらず増配する背景には、財務改善があります。2019年1月にアイルランドの製薬大手シャイアー社を約6兆円で買収した影響により、純有利子負債が5兆円を超えました。2023年3月末の純有利子負債は3兆7161億円にまで減少したことで、財務改善の目標を達成できたとして、株主配当に重きをおきました。

また、武田薬品工業は、大型化が見込まれる薬の候補の多くが、2025年以降に臨床試験結果が出る予定なので、結果次第では株価や業績が回復する可能性が考えられます。

純有利子負債……利息を付けて返さないといけない負債のこと。は銀行からの借入金や社債などのことを指す。

武田薬品工業(4502)

武田薬品工業(4502)の株価の推移

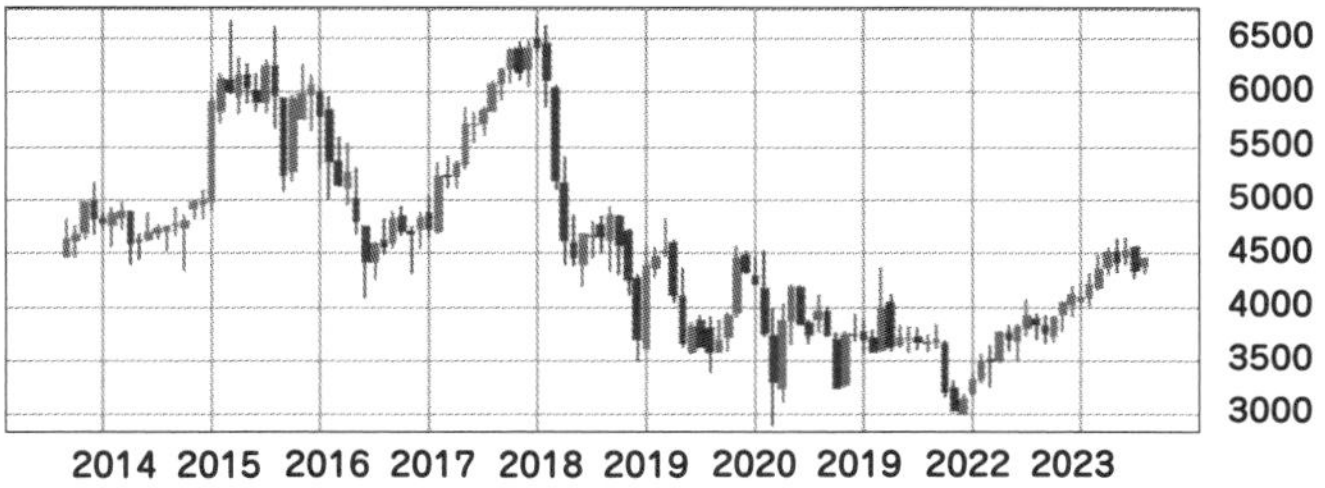

武田薬品工業(4502)の配当金の推移

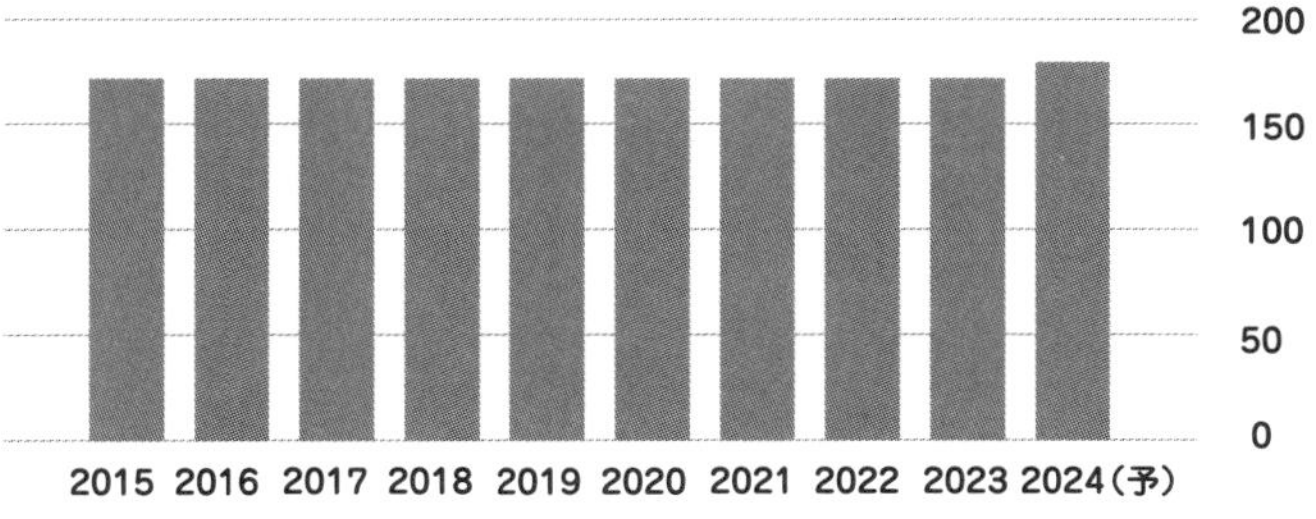

株価	4452円	配当利回り	4.22%
時価総額	7兆445億円	1株配当	188.00円
年初来高値	4645円	PER	48.74倍
年初来安値	4004円	PBR	1.00倍

2023年8月11日時点のデータ

日経平均高配当株50指数連動型上場投信

配当利回りが高い銘柄が組み込まれたETF

日経平均高配当株50指数に連動するETF

日経平均高配当株50指数連動型上場投信は、日経平均株価構成銘柄のうち予想配当利回りが高い50銘柄で構成されたETFです。

ETFとは、プロが株を運用する投資信託の一種ですが、投資信託とは違って取引所に上場しているため、個別の株式と同じように、証券会社を通じて取引所で売買することができます。そのため、1日1回算出される基準価額でしか取引できない投資信託に対して、ETFは取引所の取引時間内に株式と同様に市場の動きを見ながらリアルタイムで取引することができます。

基準価額……投資信託の値段のことで、多くは1口または1万口当たりの値段のこと

優良高配当株に自動で分散投資できる

日経平均株価とは、日本の主要225社の株価を指数化したものです。構成銘柄は日本経済新聞社が、東京証券取引所プライム市場に上場する銘柄から、流動性が高く、各セクター（業種）のバランスをみて選んでいます。

日経平均高配当株50指数とは、日経平均株価に構成されている銘柄のうち予想配当利回りが高い銘柄で構成される指数のことで、日経平均高配当株50指数連動型上場投信はその指数に連動した成績を目指すことを目標とするETFです。

日経平均高配当株50指数連動型上場投信を購入するだけで、日経平均株価に構成される大手優良企業へ分散投資ができ、高い配当利回りを受け取れる点が強みです。

50社に投資しようとするとまとまった資金が必要になるので、少額で優良企業に分散投資をしたい場合はオススメです。また、配当利回りも2023年8月9日時点で、3・99%と十分な利回りが期待できます。

手数料がかかるが株の管理をする必要がない

投資信託やETFのメリットは自動で分散投資やリバランスが行えることです。日経平均高配当株50指数連動型上場投信の場合、構成銘柄は、毎年1回6月末に自動組み換えが行われます。また、定期見直し以外にも無配、減配が発表された銘柄は構成から除外されるので、投資家本人は何もせずに株の調整が行われます。

ただし、デメリットもあります。ETFや投資信託は信託報酬という毎年支払う手数料がありますが、日経平均高配当株50指数連動型上場投信の場合、年間0・308０%の信託報酬が発生します。配当利回りから約0・3%引かれると考えるとわかりやすいかもしれません。

日経平均高配当株50指数連動型上場投信

日経平均高配当株50指数連動型上場投信の基準価額の推移

取引所価	54910円	分配金利回り	3.99%
純資産総額	1198億円	直近分配金	104円
年初来高値	54710円	基準価額	54857円
年初来安値	42510円	受益権口数	2,184,414口

2023年8月11日時点のデータ

2023年9月15日 発行

解説	ペリカン
編集・執筆協力	柳生大穂（有限会社バウンド）
カバー・本文デザイン	ili_design
DTP・図版作成	有限会社バウンド
漫画・表紙イラスト	夢野ゆめじ
発行人	佐藤孔建
編集人	梅村俊広
発行・発売	〒160-0008 東京都新宿区 四谷三栄町12-4 竹田ビル3F スタンダーズ株式会社 https://www.standards.co.jp/ TEL：03-6380-6132

印刷所 中央精版印刷株式会社

はじめての高配当株

投資家 ペリカン

高配当株と株主優待を中心に投資し、得た配当金から再投資を繰り返して資産を増やしていく。2019年にアーリーリタイアを行い、次のライフステージを模索するアラフィフ。2022年の年間配当金は471万円。運営するブログでは、自らの投資経験で得た、「お金に働いてもらう」ことを中心に、お金にまつわる情報の発信をしている。

ブログ：40代でFIRE!ペリカンブログ-株主優待と高配当投資
ツイッター：@Pelican_Blog

●本書の内容についてのお問い合わせは、上記メールアドレスにて、書名、ページ数とどこの箇所かを明記の上、ご連絡ください。ご質問の内容によってはお答えできないものや返答に時間がかかってしまうものもあります。予めご了承ください。
●お電話での質問、本書の内容を超えるご質問などには一切お答えできませんので、予めご了承ください。
●落丁本、乱丁本など不良品については、小社営業部（TEL:03-6380-6132）までお願いします。

e-mail：info@standards.co.jp

Printed in Japan

本書に掲載した会社名・商品名などは一般に各社の登録商標、または商標です。
本書の無断転載は著作権によりこれを禁じます。
©standards 2023

お読みください

本書は情報の提供を目的としたもので、その手法や知識について勧誘や売買を推奨するものではありません。株式投資は、元本の補償がない損失が発生するリスクを伴います。本書で解説している内容に関して、出版社、および解説者を含め製作に際して、リスクに対しては万全を期しておりますが、その情報の正確性及び完全性を保証するものではありません。
実際の投資にはご自身の判断と責任でご判断ください。